大きな字で読む！

アクティベートジャパン税理士法人代表
公認会計士・税理士
尾﨑 充

相続・贈与の手続きと節税法がわかる本

遺産分割の
方法から
税金の
計算まで

かんき出版

本書の税金や金額は2012年3月末現在のものを使用しています。

◎はじめに

「たった今、主人が亡くなりました。なにをしたらいいのか、だれに相談したらいいのか……」

あるご家族から、すすり泣く声での突然の一報でした。亡くなられたのは私の恩師で、家族ぐるみのおつき合いをさせていただいていた間柄でした。すぐに病院に向かうと、すでにご親族が集まり、悲しみに暮れているところでした。死因は心筋梗塞。突然倒れ、そのまま息を引き取られたとのことでした。身近な人の死は深く悲しいものです。ところが、感傷にひたっている暇はありません。死亡届の提出に始まり、葬儀やお墓の準備。そして相続の手続き。このご家族も初めての経験で、なにをだれに相談したらいいのかもわからない状態でした。残念なことに、病院に集まっていたご親族からは、ヒソヒソと遺産相続の話までしている様子もうかがえました。

相続をきっかけに、遺産を巡って遺族間での争いや確執が生じることは多々あります。また思いがけない多額の相続税の支払いを余儀なくされるケースも珍しくありません。これまで「ウチには資産がないから大丈夫」と思っていた方も、調べてみると土地や建物以外に預金や株券、保険類など気づかない財産があるものです。

身近な人の死に直面すると、まずお通夜と告別式を考えるのが一般的です。葬儀社を選び葬儀を執り行い、同時にお墓や霊園のことまで考えなくてはなりません。やはり相続の悩みをご遺族からよく相談されるといいます。

そのなかでももっとも多い相談は「相続の手続きをだれに相談すればいいのか」といった基本的な悩みで、弁護士や司法書士、公認会計士や税理士の違いもわからない方が大半だといいます。たしかに、普段の生活では一生に一度関わるかどうかの資格の人たちです。知らないのも当然ですが、知らないではすまされないのが相続なのです。

相続は愛する家族や親族からの大事な資産と心のバトンタッチです。私たち人間は自らの手で自分の葬儀や相続はできません。しかし、その準備や対策は事前に考えることができます。

本書では、初めて相続を経験する方から、相続に備える方、相続に疑問が残る方まで、どこからでも読めるように構成しました。テーマごとにマンガや図表を豊富に使い、わかりやすく、すべての方に役に立つよう心掛けた内容になっています。

また、本文中の欄外に、実例をもとにした「ワンポイントアドバイス」を記載し、巻末には、実際の相続税の申告書の記入例を載せましたので、ぜひご活用いただければ幸いです。

最後に本書を出版するにあたり、たいへんご尽力いただきました萩田勝氏に心より御礼申し上げます。

平成24年3月

尾﨑充

今のあなたがすべき相続ベスト対策！

相続が発生した人へ

相続は人生において何度も訪れるものではありません。後悔しない納税をしましょう。まだまだ知られていない相続対策はたくさんあります。

- ✧ 遺産分割の疑問を解決　　68ページ
- ✧ 物納する方法　　96ページ
- ✧ 延納の危険性　　96ページ
- ✧ 税理士選び方　　102ページ
- ✧ 税務署の実態　　106ページ
- ✧ 土地の正しい評価法　　86ページ

相続に備える人

これから相続を迎える可能性の高い人は、生前対策をしておきましょう。ちょっとしたことで将来支払うべき相続税が大きく違ってきます。

- ✧ 賢い生前贈与　　82ページ
- ✧ 相続を意識した建物　　82, 86ページ
- ✧ 遺言対策　　38, 64ページ
- ✧ 正しい税理士選び　　102ページ

相続税を申告したが疑問が残る人

一度済ませた申告・納税に疑問を感じている方、相続税は戻ってくる可能性もあります。とくに土地の評価の見直しをすると、驚くほどの税金が還付された例も少なくありません。

- ✧ 土地の正しい評価法　　86ページ
- ✧ 相続税は還付請求できる　　110ページ

大きな字で読む！　相続・贈与の手続きと節税法がわかる本──目次

はじめに　3

第1章　これだけは知っておきたい相続の基本

POINT 0　山田さんのお母さんが亡くなった…　14

POINT 1　まず相続の基本を知っておこう　16
- 相続には"目標がある"
- 大きな区切りと細かい締め切り
- 葬儀の最中から手続きは始まっている
- 頼りになる葬儀社
- 自分たちの力で無理なら専門家の力を借りる
- 相続トラブル・ワースト10

POINT 2　相続税にまつわるヒト、モノ、カネ　24
- 遺族のみんなが相続できるとは限らな

POINT 3 おそるべし！遺言書の威力

- 遺言書は最優先！ 相続を左右する指定
- とんでもない遺言に対抗できる！ 遺留分制度
- 相続分と遺贈
- 相続放棄
- 借金なら相続したくない！ 限定承認と
- 相続は「単純承認」「限定承認」「相続放棄」

- い！ 法定相続人と相続順位
- 遺産はどうやって分けるの？
- 遺産分割協議
- 遺産分割の3つの方法と共有
- 見知らぬ相続人にも、かならず連絡する！
- 「寄与分」「特別受益」とは？

38

POINT 4 私の相続税はいくらになる？

- 運命が分かれる基礎控除額
- 財産の種類で分類する
- 10ヵ月以内に相続税を申告、納付する

の3種類

44

第2章 これであなたも相続マスター〈実践相続手続き〉

POINT 1 こうすればうまくいく相続手続きスタート

- 相続手続きにはお金がかかる

50

CONTENTS

- 領収書は必ず保管する
- 代表相続人を決めないと大変
- 遺品の整理、まずこれをやっておこう
- 各種停止手続き・名義変更
- 戸籍関係書類
- 生命保険と名義変更

POINT 2
税金を減らす3つのポイント　60

- 節税対策のポイントはこれ！

POINT 3
遺言対策はきちんとしておく　64

- こんな遺言書ならないほうがよかった
- 勝手に開けてはいけない自筆証書遺言

POINT 4
遺産分割のポイント　68

- こんな遺産分割はやめなさい
- 私が親の面倒をみていたのに……
- 遺産分割協議書の作成
- 遺産分割協議書作成のコツ
- 遺産分割協議がまとまらない場合
- トラブルの代表は不動産

第3章 今、あなたがすべきことはコレだ！相続発生前、発生後の不安を一挙解決！

POINT 1 相続発生前の対策がイチバン！

- 贈与税は相続税より重い負担だけど…
- 相続時精算課税制度とは？
- 直系尊属から住宅取得等資金の贈与を受けた場合の贈与税の非課税措置
- 生前贈与にも相続税がかかる？
- 贈与するなら、「現金」よりも断然「不動産」
- 中小企業のオーナー社長なら自社株の生前贈与を
- 子どもの相続税を母親が払ったら、贈与税の対象になる

76

POINT 2 賢い生前贈与はこれだ！

- 贈与税の配偶者控除を利用しよう

82

POINT 3 節税の王道は、やっぱり「土地・建物」

- 不動産のココだけは押さえておこう
- 小規模宅地等の特例
- 不動産の購入で節税対策
- 貸家建付地にして評価額減と家賃収入を得る
- 相続した不動産を売るなら3年以内

86

第4章 だれに相談したらいいの？失敗しない専門家選びと税務調査

POINT 1 相続のことはだれに相談するのがベストか
- 税理士選びも相続対策のひとつ
- 頼れる税理士、ダメな税理士

102

POINT 2 税務署は恐い？税務調査の対処法
- 税務調査に備えよう
- 税務調査は税理士立会いの元で

106

POINT 3 払い過ぎた税金を取り戻す還付請求とは？
- 相続税に疑問を感じたら…
- 1000万円の評価減で300万円の還付も…
- 準確定申告で税金が戻ることもある
- 準確定申告が必要な人

110

POINT 4 相続税が払えない！延納・物納制度とは？
- 相続税を支払えない場合は？
- 延納制度とは？
- 物納制度とは？
- 税理士が見つかったら
- 税理士はどこにいるの？

96

第5章 実践！相続税の計算と申告書の書き方

POINT 1 相続税の算出方法を知る …… 114
- 相続税の算出方法は4ステップ

POINT 2 申告書作成のポイント …… 124
- 申告書は15種類

申告書記入例
- 母を亡くした山田さんの申告書 …… 126
- 夫を亡くした山本花子さんの申告書 …… 142

CONTENTS

カバー・デザイン／ホリウチミホ

第  章

これだけは知っておきたい相続の基本

山田さんのお母さんが亡くなった…

同居をしていた母の他界。とまどう山田さん。だれにどんなことを連絡し、相続の手続きはどうすればいいのだろう。相続税の計算は？ 申告の書き方は？

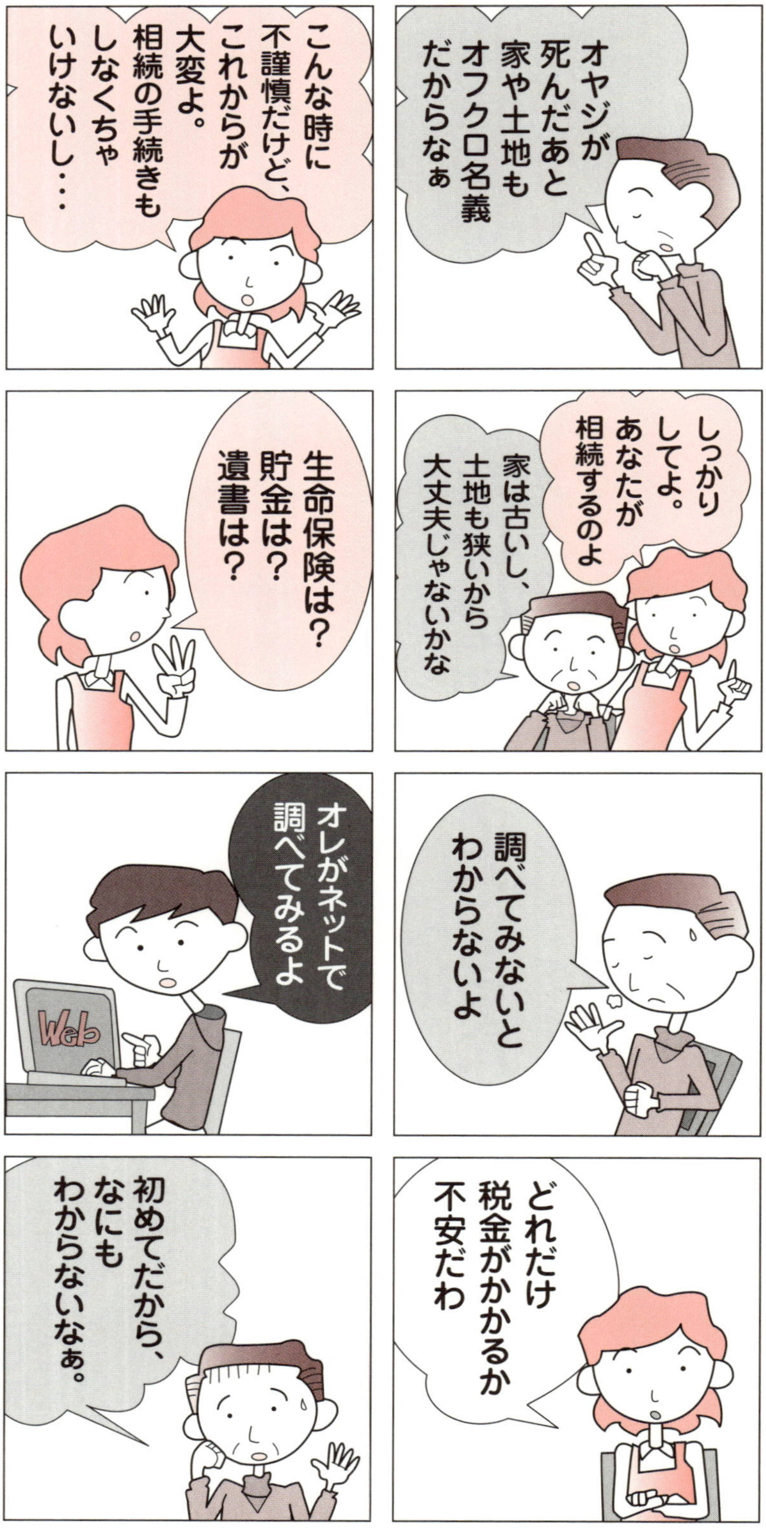

山田太郎さん一家

太郎さん　奥さん　ひとり息子の一郎くん

太郎さんの母 山田花子さん

税理士さん

❖故・山田花子さんの主な財産と債務

〈資産〉
①東京都渋谷区の土地300㎡
②東京都渋谷区の木造建物240㎡
③家財道具一式
④電話加入権
⑤定期預金　75,000,000円（山田桃太郎より相続含む）
⑥普通預金　5,000,000円

〈債務〉
①固定資産税　120,000円　他

まず相続の基本を知っておこう

相続の手続きは期限がある。なにをいつまでにしなければならないのか。相談するなら、弁護士？ 税理士？ 葬儀屋さん？

相続には"目標がある"

簡単にいうと、相続とは人が亡くなったあとで、残された遺族が次の3つの目標を達成することです。

相続の3つの目標
- 財産目録をつくり、財産の総額をつかむ
- 遺産分割をして相続財産を移す
- 相続税の申告をする

ところが、この目標を達成するには、たいへん面倒で時間のかかる手続きが待ち受けています。

一口に遺産といっても、銀行口座の預金もあれば、株式もあり、また土地や家などの不動産もあります。

さらに、相続税の課税対象になるものもあれば、ならないものもあり、遺族の間で分けようと思っても、単純に分割できないものや、手続きの間に時価評価が変わってしまうものもあります。

遺族は、決められた期限のなかで、それらをすべて名義変更したり、財産を評価したり、遺産分割したり、相続税を計算して申告したりしなければならないのです。

また、遺族のなかには、遺産をもらえる人（相続人）もいれば、まったくもらえない人もいます。遺言の内容によっては、遺族にとって容認しがたいものもありますし、遺産分割を巡って相続人同士で訴訟になることも少なくありません。

それでも人の死亡と同時に自動的に相続は始まり、手続きの期限も決まってしまうのです。面倒くさいから、ややこしいからといって放っておけば、親や親族がせっかく残してくれた遺産を相続できないばかりか、追徴課税や債務の承継など、もっと面倒な問題が降りかかってきてしまいます。

故人の遺産を無駄にしないため、いらぬ争いを避けるため、3つの目標は必ずクリアにしておきましょう。

大きな区切りと細かい締め切り

問題に対処するときは、スタートからゴールまで全体の流れを見通して、あらかじめ問題になりそうな部分をピックアップし、準備しておくことが大切です。

いつまでに、なにをどのように、どんな順序で済ませていくのか、あらかじめ知っているかどうかで大きな差が生まれます。そのことが、単に相続手続きを楽にスムースに進めるだけでなく、節税対策にもなり、早く準備するほどトクすることにつながるのです。

ここで、相続全体の流れをつかむため、フローチャートを見てみましょう。相続では、死亡届の提出からスタートして、「相続放棄・限定承認」「被相続人の確定申告（準確定申告）」「相続税の申告と納付」というゴールまで、大きな区切りを目安としてスケジュールを組み、それぞれの手続き期限に合わせて、効率的な準備をしておくことが重要です。

葬儀の最中から手続きは始まっている

通夜、告別式など、遺族は故人の臨終から多忙を極めますが、同時に相続に伴うさまざまな手続きも始まります。相続はその人の死亡日から始まり、死亡日を相続開始日としてすべての相続手続きの期限が設定されます。

こうした手続きは、この死亡日を起算日とする厳密なスケジュールのもとで進められます。

家族が亡くなって、まずしなければならない手続きは「死亡届」の提出です。この「死亡届」に、死亡時、病院の医師から受け取った「死亡診断書」を添付して、死後7日以内に市町村役場に提出し、「火葬許可証」を受け取り、火葬時に火葬場に提出、「埋葬許可証」を受け取って、納骨時に提出する、という流れになります。なお、通夜、告別式などの葬儀のセレモニーは、法的な意味はありません。

このように、提出期限を守りながら、ひとつひと

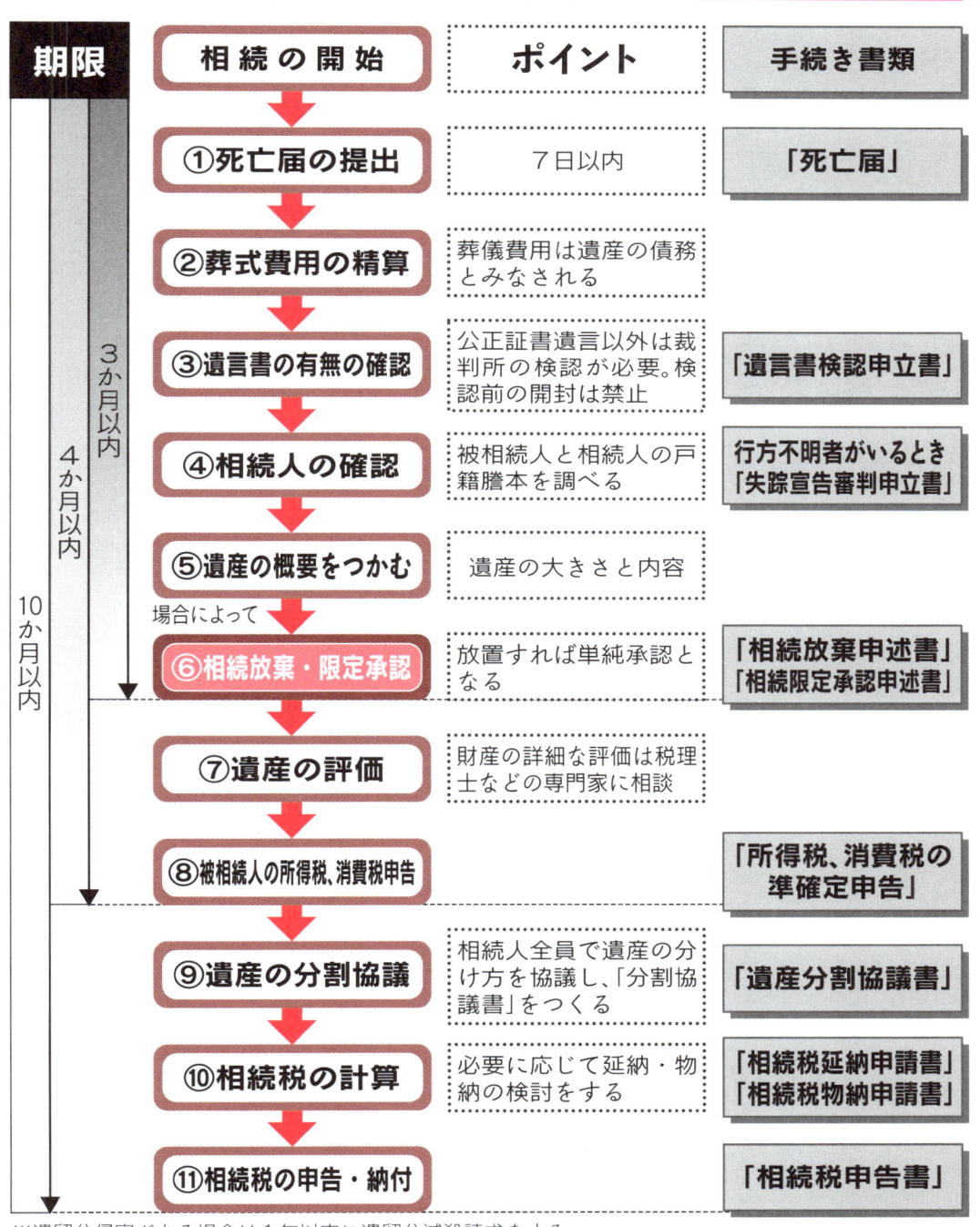

つの手続きを順序よくもれなくすましていくのが相続手続きです。

葬儀から相続税の申告まで、短期間にこうした手続きを繰り返し、次の手続きに備えて具体的な準備をしておくことも、今後スムースな手続きを続けていくために大切な段取りになります。

たとえば、死亡診断書は、火葬するときや生命保険金の受け取り、遺族年金の手続きなどに必要になりますので、2、3通は用意しておきましょう。

また、故人（被相続人）の生年月日と死亡日を手帳に控えておきましょう。生年月日と死亡日は、銀行や保険会社などへの連絡や窓口に出向いたときに必ず確認されますので、いつでも即答できるようにしておくと便利です。

さらに「死亡届」「火葬許可証」「埋葬許可証」などは、遺族の記入が条件ですが、実際には葬儀社が代行してくれるケースがほとんどです。

本書では、こうした手続きの実情事例を取り上げ、効率の良い相続ができるよう解説しています。

頼りになる葬儀社

実は、死亡届の提出や上記のこまごました手続き関係は、葬儀社が要領を教えてくれたり、代行してくれているのが現実です。

最近は事前に見積もりを作ってくれる葬儀社が多く、手続き関係の相談にも応じてくれるなど、多忙な遺族にとって頼もしい味方になってくれます。生前からよく調べ、知り合いの評判を聞いたり、インターネットで調べるなど準備しておきましょう。

自分たちの力で無理なら専門家の力を借りる

相続手続きは、実際に手間と時間がかかるものです。相続人だけで手続きする人もいますが、やってみるとそのたいへんさを思い知り、あとになって税理士などに頼むというケースがほとんどです。

とくに、相続税の計算と申告は、素人にはハード

死亡にともなう基本的な手続き

ワンポイント: 故人の生年月日と死亡日は必ず聞かれます。死亡届もコピーしておきましょう。

手続きの種類・文書名	期限	手続き先	必要となる状況・ほか
死亡届	7日以内に行う	故人の本籍地または届出人の住所地にある市区町村・町村役場	「死亡診断書」とセット
死体火(埋)葬許可書	7日以内に行う	故人の本籍地または届出人の住所地にある市区町村・町村役場	火葬・埋葬の許可をとるため
世帯主変更届	14日以内に行う	住所地にある市区町村・町村役場	世帯主の死亡
児童扶養手当認定請求書	14日以内に行う	住所地にある市区町村・町村役場	世帯主が死亡して、母子家庭になった場合
復氏届	必要に応じて行う	住所または本籍地にある市区町村・町村役場	配偶者の死亡後、旧姓に戻りたい場合
姻族関係終了届	必要に応じて行う	住所または本籍地にある市区町村・町村役場	配偶者の死後、配偶者の親族と縁を切りたい場合
子どもの氏変更許可申請書	必要に応じて行う	子どもの住所地にある家庭裁判所	配偶者の死後、配偶者の親族と縁を切りたい場合
改葬許可申立書	必要に応じて行う	旧墓地の住所にある市区町村・町村役場	墓地を別の場所に移転するとき
準確定申告	4カ月以内に	故人の住所地にある税務署	1月1日から死亡日までの所得を申告する
高額医療費支給申請書	2年以内に行う	国保は市区役所・町村役場、健保は勤務先の健保組合か社会保険事務所	故人の、保険診療による医療費が一定額を超えている場合
すぐに手続きしたい名義変更　電気・ガス・水道	なるべく早く	各営業所	電話だけで名義変更できる
すぐに手続きしたい名義変更　電話	なるべく早く	電話局	支障がなければ、遺産分割成立後に名義変更
すぐに手続きしたい名義変更　NHK受信料	なるべく早く	NHKのフリーダイヤル窓口	電話だけで名義変更できる
すぐに手続きしたい名義変更　公団賃貸住宅	なるべく早く	営業所	承継または解約
すぐに手続きしたい名義変更　県営・市営・都営の賃貸住宅	なるべく早く	営業所	名義継承または解約。手続きは公団とほぼ同じ
運転免許証	なるべく早く	所轄の警察署	返却する
国民健康保険証	なるべく早く	住所地にある市区役所・町村役場	変更事項の書換えをする
シルバーパス	なるべく早く	住所地にある市区役所・町村役場	返却する
クレジットカード	なるべく早く	クレジット会社	解約する
勤務先(在職中)　死亡退職届	なるべく早く	勤務先(手続きは勤務先がやってくれる)	提出する
勤務先(在職中)　身分証明書	なるべく早く	勤務先(手続きは勤務先がやってくれる)	返却する
勤務先(在職中)　退職金	なるべく早く	勤務先(手続きは勤務先がやってくれる)	受け取る
勤務先(在職中)　最終給与	なるべく早く	勤務先(手続きは勤務先がやってくれる)	未支給分があれば受け取る
勤務先(在職中)　健康保険証	なるべく早く	勤務先(手続きは勤務先がやってくれる)	返却する
高齢者福祉サービス	なるべく早く	福祉事務所	利用登録を廃止
身体障害者手帳・愛の手帳の返却	なるべく早く	福祉事務所	無料乗車券などがあれば一緒に返却する

ルが高いといわざるを得ません。

たとえ相続税がかからない場合や、簡単そうな遺産分割であっても、手続きの煩雑さは変わりません。相続人としては、手続きの流れやスケジュール、そして要所要所の段取りをおさえることがなにより重要であって、不動産や株式の評価、さまざまな遺産分割の厳密な計算などは、専門家の力を借りたほうがいいかもしれません。

ちなみに、専門家に支払う費用は、一般的には相続財産の総額の割合で決めますので、財産が少額なら、それだけ費用も少なくなります。それだけでなく、相続人がしなければならないことのすべてを細かく指導してくれます。

また、不動産を相続する場合、不動産鑑定士や土地家屋調査士、司法書士らが作成する書類が必要な場合もあります。

ただし、依頼する内容によって、費用はかなり違ってきます。

また、相続を扱わなかったり、相続が不得手な専門家もいますので、事前に調べて、納得いくまで相談し、見積もりも取っておきましょう。契約前なら選ぶのは自由です。

相続トラブル・ワースト10

相続にトラブルはつきものです。なにも問題なくスムースに相続できたというケースは少なく、事前に相続対策を講じていた場合のみといっても過言ではありません。

私たち税理士が扱うケースでも、遺産分割での遺族間のトラブルや相続税が高額で納税できないなどのトラブルは非常に増えています。もめごとなく、争いを避けた円満な相続ができるよう、次ページの表の点に注意して、事前の準備をしておきましょう。

ワンポイント 生命保険は、被保険者と受取人に要注意。

相続トラブル・ワースト10チェックリスト

- ☑ 遺産は不動産(土地建物)だけで現金はない
- ☑ 借金あるいは隠し財産が見つかった
- ☑ 遺言書に不備がある
- ☑ 法定相続人が明確になっていない
- ☑ 生前に子どもたちに贈与をしていた
- ☑ 未払いのローン、税金、医療費がある
- ☑ 愛人、内縁の妻やその子どもがいる
- ☑ 相続人がいない
- ☑ 私情がからみ、遺産争いが過熱している
- ☑ 節税できる特例や制度を知らなかった

POINT 2

相続税にまつわるヒト、モノ、カネ

誰が相続できるのか。遺産はどう分けるのか。相続が争続にならないようにしよう。

遺族のみんなが相続できるとは限らない！
法定相続人と相続順位

相続の権利がある人とない人がいる

葬儀のときには、多くの親族が駆けつけます。しかしその遺族のなかで、相続の対象になる人は、法定相続人だけです。だれがその法定相続人であるかは、民法に規定があります。

民法では、亡くなった被相続人と残された法定相続人の家族構成によって相続順位と、遺産分割の配分がケースバイケースで決められています。また、遺言書がある場合は異なります（64ページで説明）。

法定相続人の範囲を具体的に確認するためには、戸籍の追跡と、山田さんの確定申告の記入例で紹介する相続関係図（127ページ）の作成が必要です。図（27ページ）で、まず相続できる順番としての相続順位を確認しておきましょう。

純なケースならともかく、優先順位にある相続人が死亡したりしていると、生き残っている相続人に、相続権が移っていく、というしくみになっています。ただし、配偶者だけは別格で、常に相続人となります。

相続順位は、配偶者相続人と血族相続人という二本柱で構成されます。配偶者は別格として、生き残っている血族相続人が、規定された順位で配偶者と共同で相続します。27ページの図のように、血族相続人の相続順位は、優先順に3段階の区切りが設けられ、それぞれの区切りのなかで、生き残っている人に代襲相続できるようになっています。

少しわかりづらいかもしれませんが、たいへん重要な事項です。しっかり確認しておきましょう。

たとえば、奥さん（配偶者）と子ども（第1順位）が生きていれば、遺産はこの二人にすべて相続されます。奥さんが生きていて、子どもや孫の世代（第1順位）がいなければ、法定相続人は奥さん（配偶者）と、被相続人の父母（第2順位）が相続

> **ワンポイント**
> 相続第1順位の子どもには、嫁に行った娘も、養子も、先妻の子も、後妻の子も含まれます。

第1章 これだけは知っておきたい相続の基本

します。奥さんが亡くなっていて、子どものみであれば、子どもがすべての遺産を相続します。被相続人の父母（第2順位）や被相続人の兄弟姉妹（第3順位）には、ここでは相続権は発生しません。

本来、遺産の相続というものは、家族の家計を担ってきた人が亡くなったときに、残された配偶者や子どもが経済的に困らないために設定された制度です。生き残っている限り、配偶者と、血族相続人の第1順位にある子どもが遺産をすべて相続します。

第1順位にある子どもが遺産をすべて相続します。第1順位にある子どもの世代（直系卑属）がいないというときに、常に相続人である配偶者を除いて、第1順位で言えば、子どもが亡くなっているときは孫へ、孫も亡くなっているときはひ孫に代襲相続されます。第1順位の子どもも孫もひ孫もいないというときに初めて、第2順位に相続が移っていきます。

故人に近い人が亡くなっていても、遺産が誰かに必ず継承されるように、3段階まで相続人を規定しているのです。

こうして相続順位と法定相続人の特定ができたら、相続関係図を作り、コピーを保管しておきましょう。相続関係図は、戸籍謄本などと並んで、あらゆる相続手続きで提出必須の書類になります。

◎配偶者

正式の婚姻届のある夫婦の一方、つまり夫か妻で常に相続人となります。ちなみに、内縁関係では、原則的に相続は発生しません。

◎第1順位

直系卑属。死亡した被相続人から見て次の世代つまり、子、孫、ひ孫と続く世代です。被相続人の配偶者が生きていれば、その配偶者と共に、配偶者が亡くなっていれば遺産のすべてを相続する相続人になります。

また、嫁に行った娘や、養子、先妻の子、後妻の子も、子どもとして第1順位の相続人になります。

ワンポイント 相続人になれない遺族にもお礼をしよう。死後のてんてこまいを手伝ってくれた人へのお礼はマナーの第一。

相続する順位

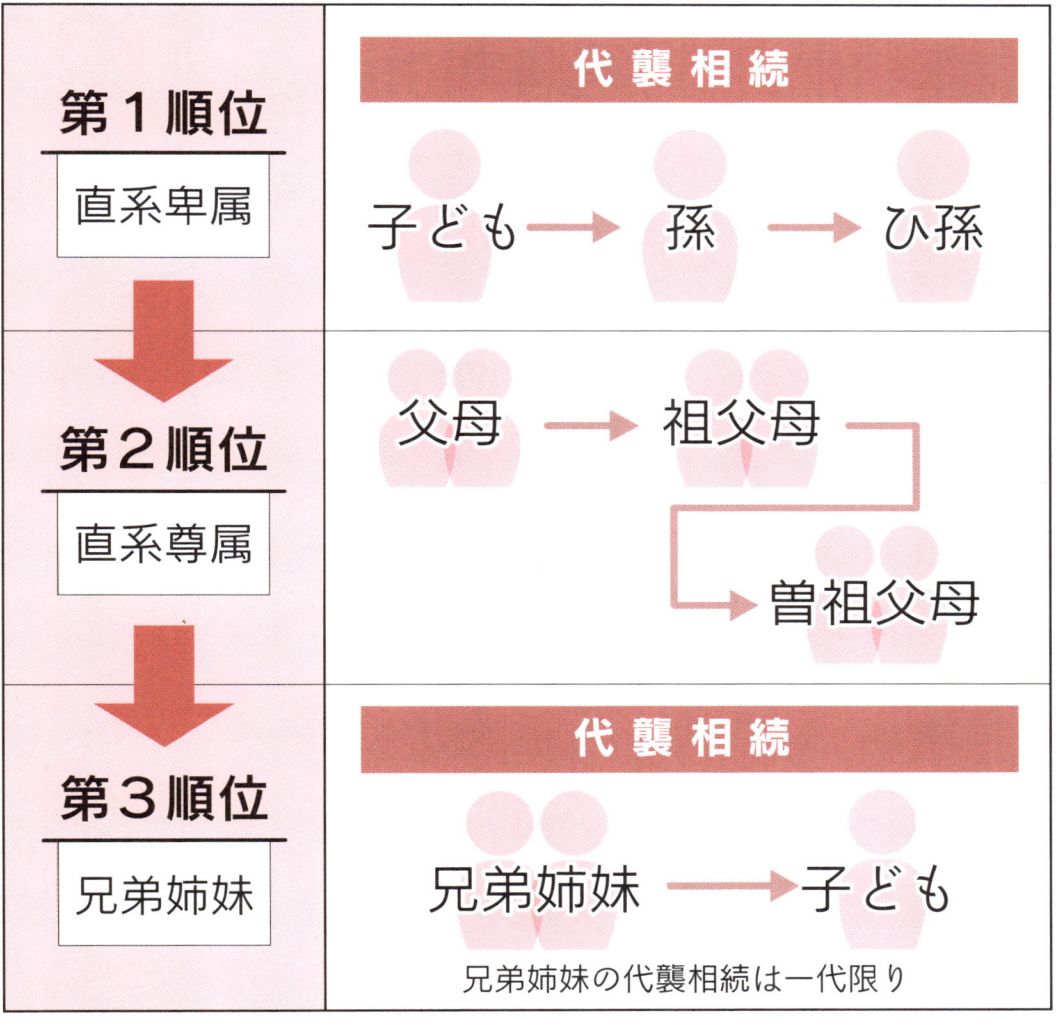

※相続はまず第1順位の者が相続し、第1順位の者がいない場合は第2順位、さらに第2順位の者がいない場合は第3順位へと移行する

※第1順位の子どもについては、孫、ひ孫への代襲相続が認められる。第2順位は父母から祖父母、曽祖父母へ。さらに第3順位の兄弟姉妹については、その子どもへ一代限りの代襲相続が認められている

※代襲相続とは被相続人より先に相続人が死亡。その相続人の直系卑属が相続人に代わって相続すること。代襲相続する人を「代襲者」という

◎第2順位

直系尊属。死亡した被相続人から見て、上の世代。つまり、父母、祖父母、曾祖父母の世代です。第1順位の相続人がいない場合に、配偶者とともに相続人になります。

◎第3順位

兄弟姉妹。死亡した相続人の兄弟姉妹、死亡している場合は、その子ども、甥、姪です。第1順位、第2順位の相続人が、ひとりもいない場合に、配偶者とともに相続人になります。

ただし、被相続人の兄弟姉妹の代襲相続は一代限りです。

遺産はどうやって分けるの？

◎法定相続分

だれがどのくらい遺産をもらえるのかは決められています。

相続順に法定相続人が決まると、次は遺産を相続人同士でどうやって分けるか、つまり遺産分割という課題が待っています。

相続人がひとりなら問題ないのですが、ふたり以上いる場合、誰がどのくらいの割合で遺産をもらえるのか、民法で厳密な配分が決められています。これが、法定相続分です。

ここでも、遺言書がある場合は異なりますが、相続順位に沿って、ケースごとに解説してみましょう。

◎第2順位の法定相続分

子どもの世代がいない場合の分け方になります。

この場合、配偶者は3分の2、残り3分の1を父母の世代が等分して相続します。

◎第3順位の法定相続分

配偶者以外、子どもの世代も父母の世代もいない場合です。

この場合、配偶者は4分の3、残り4分の1を兄弟姉妹が相続します。兄弟姉妹が死亡している場合は、その子どもである甥、姪が相続します。

ワンポイント 誰が相続人になれるか、法律で決まっています。

法定相続人はどの順位で相続するか

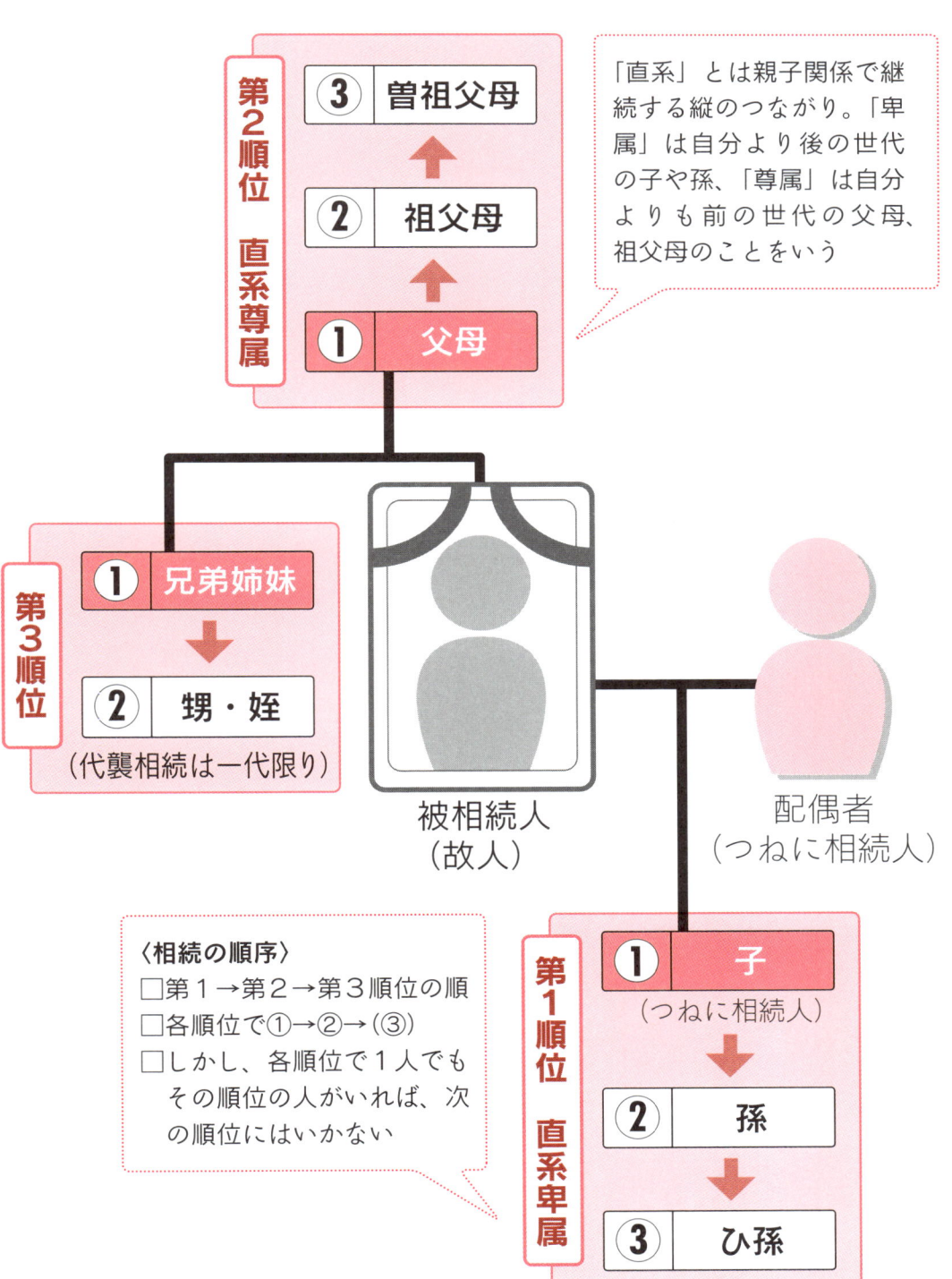

第2順位　直系尊属
③ 曽祖父母
② 祖父母
① 父母

「直系」とは親子関係で継続する縦のつながり。「卑属」は自分より後の世代の子や孫、「尊属」は自分よりも前の世代の父母、祖父母のことをいう

第3順位
① 兄弟姉妹
② 甥・姪
（代襲相続は一代限り）

被相続人（故人）

配偶者（つねに相続人）

〈相続の順序〉
□第1→第2→第3順位の順
□各順位で①→②→③
□しかし、各順位で1人でもその順位の人がいれば、次の順位にはいかない

第1順位　直系卑属
① 子（つねに相続人）
② 孫
③ ひ孫

配偶者と子・孫など第1順位の相続

◆配偶者と子ども2人が相続人のとき

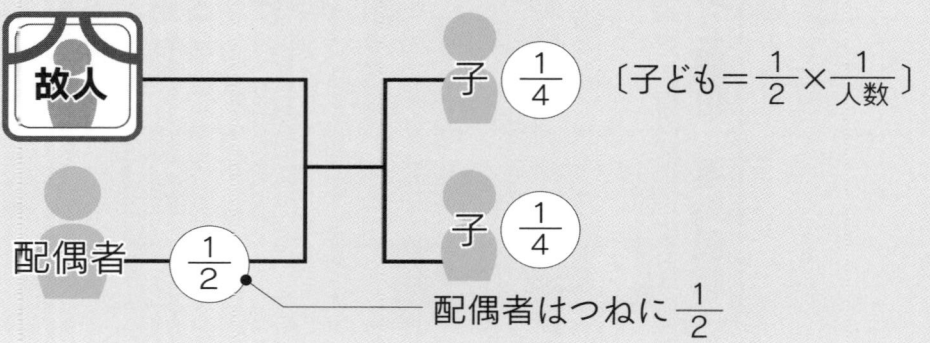

◆配偶者と子1人、孫2人(代襲相続人)のとき

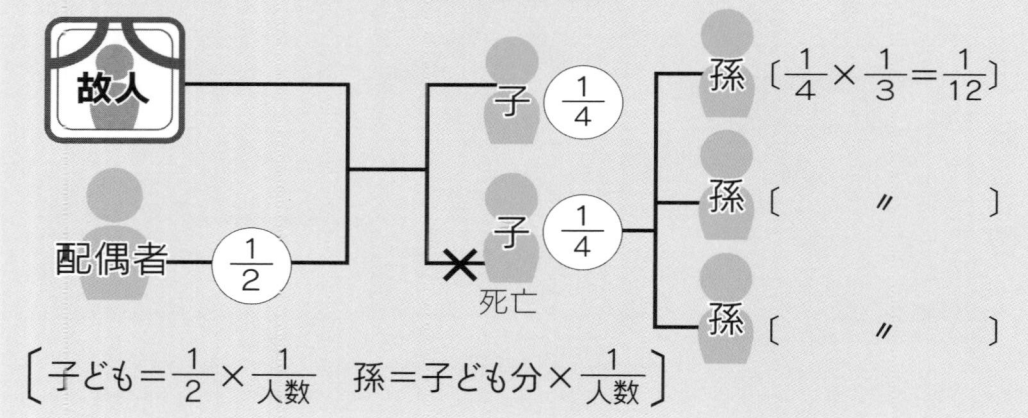

※子どもが嫡出子(2人)と非嫡出子(1人)のとき

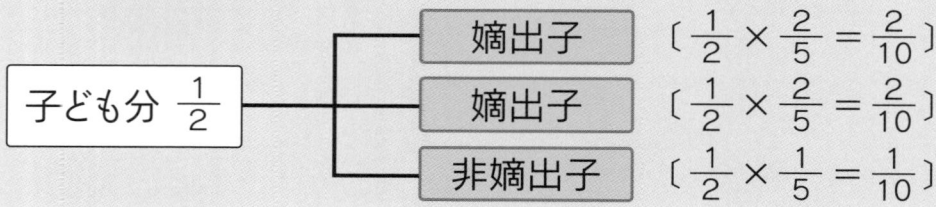

配偶者はつねに $\frac{1}{2}$ 。配偶者がいないときは子、孫が全財産を相続する。非嫡出子は嫡出子の $\frac{1}{2}$ の権利。

ワンポイント 未成年の相続人には、特別代理人が必要です。

配偶者と父・祖父母（第2順位）の相続

子ども、孫が1人でもいたら不成立

✜ **配偶者と父母が相続人のとき**

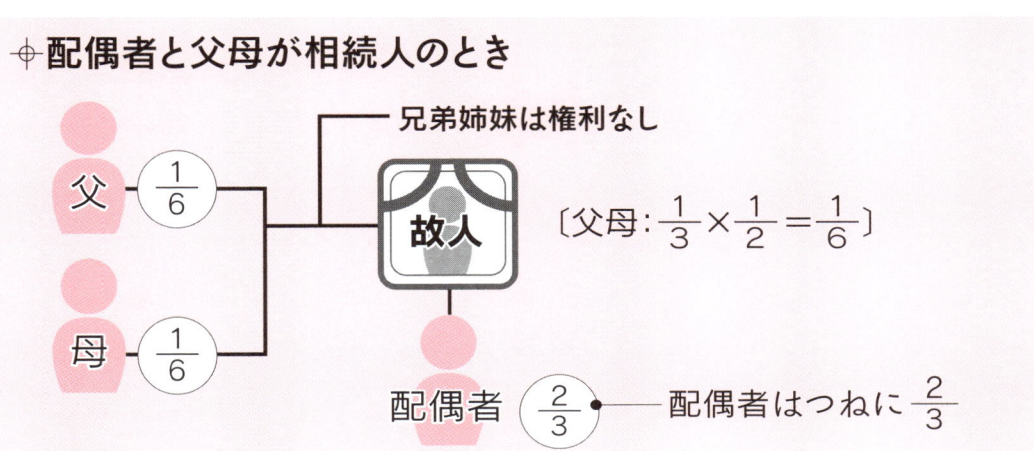

〔父母：$\frac{1}{3} \times \frac{1}{2} = \frac{1}{6}$〕

配偶者はつねに $\frac{2}{3}$

兄弟姉妹は権利なし

✜ **配偶者と祖父母（2人）が相続人のとき**

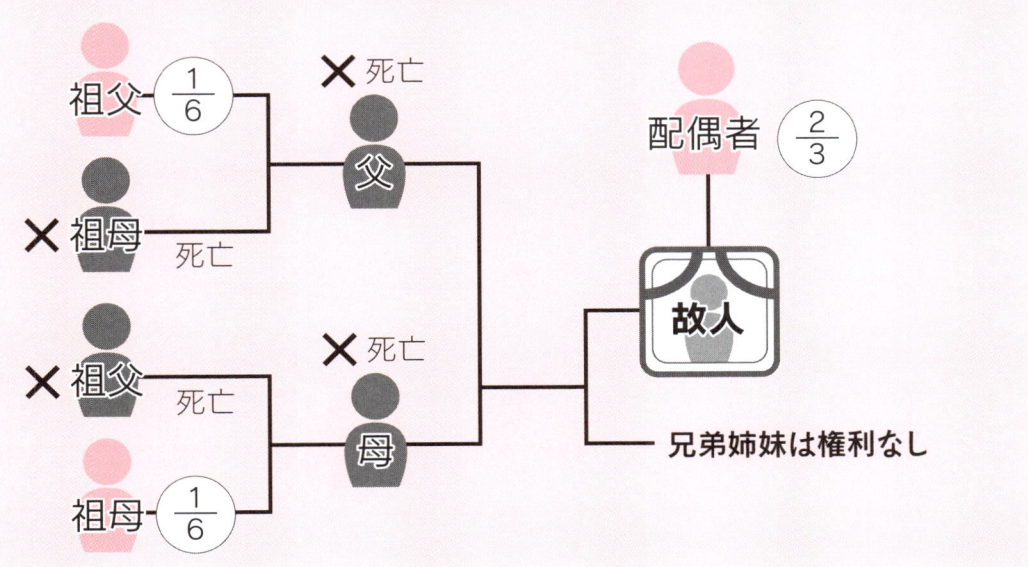

兄弟姉妹は権利なし

配偶者はつねに $\frac{2}{3}$ だが、配偶者が死亡していたり、いない場合は父母、父母が死亡のときは祖父母の順で全財産を相続する

遺産分割協議

もらう遺産の種類と配分でモメる！

実は、相続でもっともモメるのがこの遺産分割です。だれにどのくらい配分されるのかという法定相続分は民法が規定していますから、大抵はしぶしぶでも承知するものです。

しかし、財産の種類、つまり預金なのか、土地なのか、株式なのか、それぞれいくらになるのかは、財産目録を作成するまではわかりません。だれが預金をだれが土地をだれが株式をいくら相続するのか。

これは、相続人同士の話し合いに任されています。

これが遺産分割協議です。

決められた自分の配分のなかで、少しでも有利な種類の遺産を求めるために、相続人同士でのトラブルが発生してしまうケースが少なくありません。

遺産分割協議は、いつ何回行おうと自由ですが、相続人になる人全員の参加が条件になります。また、

期限ですが、いろいろな相続税の特例を受けるためには、相続税の申告まで、つまり10ヵ月以内に決定するようにします。納得いくまでじゅうぶんに相続人同士で話し合うことが、相続をスムースに進める鍵になります。

相続直後から相続人同士で話し合いを持つ習慣をつけられるのがベストですが、難しいようであれば、税理士や弁護士に間に入ってもらうほうがいいでしょう。

全員の承認が得られた時点で、遺産分割協議書を作成し全員が署名、実印を押印し印鑑証明書と一緒に保管するようにします。

遺産分割は相続でもっともモメることの多いプロセスですので、家庭裁判所の調停手続きを利用するという手もあります。

家庭裁判所に相続人が調停を申し立てれば、調停委員会で、事実調査や相続人全員の事情聴取の上、解決案をアドバイスしてくれます。裁判所というとなにか物々しい気がしますが、この遺産分割の調停

> **ワンポイント** 相続人代表の苦労に報いる寄与分を、遺産分割協議で考慮しよう。

配偶者と兄弟姉妹、甥姪（第3順位）の相続

子ども、孫、父母、祖父母がいたら不成立

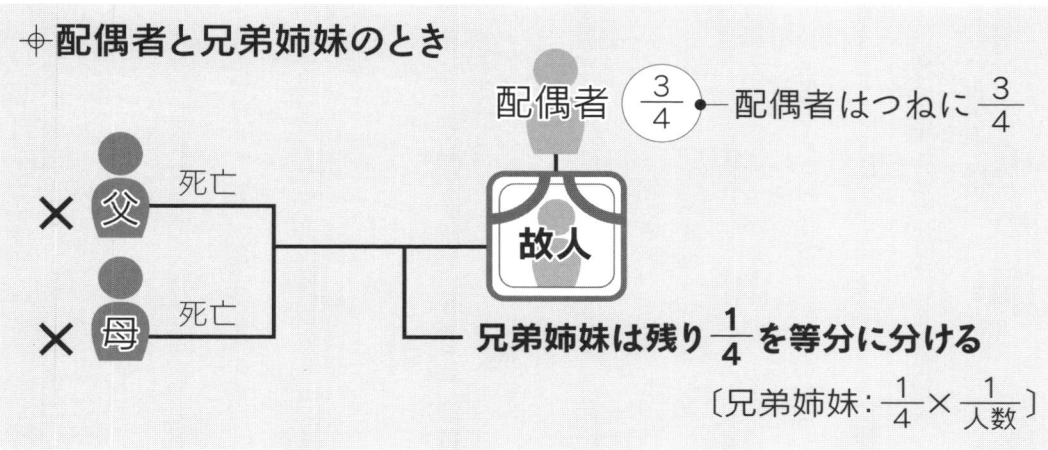

◆配偶者と兄弟姉妹のとき

配偶者 $\frac{3}{4}$ — 配偶者はつねに $\frac{3}{4}$

兄弟姉妹は残り $\frac{1}{4}$ を等分に分ける

〔兄弟姉妹：$\frac{1}{4} \times \frac{1}{人数}$〕

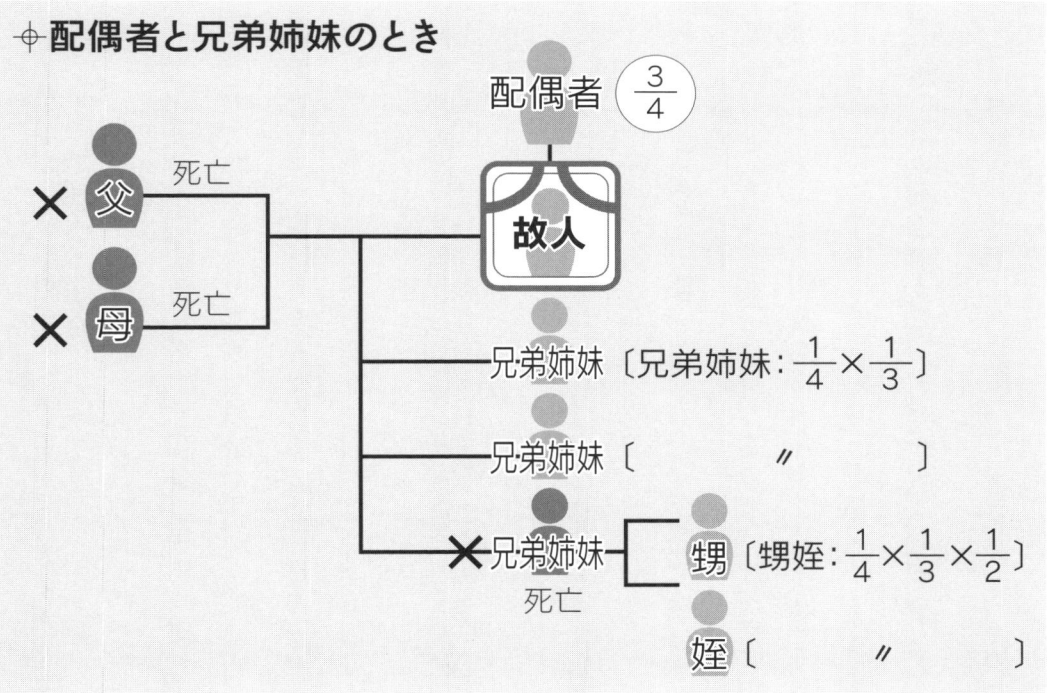

◆配偶者と兄弟姉妹のとき

配偶者 $\frac{3}{4}$

兄弟姉妹〔兄弟姉妹：$\frac{1}{4} \times \frac{1}{3}$〕

兄弟姉妹〔 〃 〕

兄弟姉妹（死亡）— 甥〔甥姪：$\frac{1}{4} \times \frac{1}{3} \times \frac{1}{2}$〕

姪〔 〃 〕

配偶者がいないときは、兄弟姉妹および代襲相続人の甥と姪で全財産を分割する

は、あくまで相続人同士の話し合いを円滑にするための指導や援助をするシステムですので、分割方法を強制されることもありません。気楽に考えて、モメそうなら早めに申し立てたほうがよいでしょう。調停が不調に終われば、次に審判という手続きが開始され、裁判所が本格的に介入して分割方法を決めることになります。

遺産分割の3つの方法と共有

実際の遺産分割では、法定相続分という取り分は決まっていても、財産の種類がまちまちなので、どうやって公平に分割するかが最大の課題といえます。遺産分割には次の3つの方法があり、この方法を自分たちの相続の事情に合わせ駆使しながら、各自の相続分に見合うように分割するのです。土地と家は代償分割で、預金は現物で、というように、財産の種類に応じてどの方法を使っても構いません。それぞれメリット、デメリットがあります。相続人同士でよく話し合って進めていきましょう。

①現物分割

残された財産を現物そのままに分配するもっとも基本的な方法です。預金は長男、家と土地は配偶者へといったような場合ですが、配分通りに分割できず、公平な分配ができるとは限りません。その場合には他の配分方法も併用する事となります。

②換価分割

土地や家など金銭でないものを売却によって現金化し、それぞれの分配額通りに分割する方法です。金銭であれば端数まで公平な分割が可能ですが、相続人全員が譲渡所得の対象となります。

③代償分割

相続人のうちのひとりが、すべての財産を相続して、他の相続人に、各相続分に見合う金銭を支払うという方法です。実家が工場などを経営して、誰かが後を継がなければいけないようなとき、長男が工場のほとんどを相続して、次男に相続分に相当する金銭を払うといった場合です。先代からの工場や農

34

ワンポイント　意外と気楽。あとでモメて後悔するより、家庭裁判所に調停を頼もう。

地など、継承していきたい財産の現物を残すことができますし、金銭で立て替えるので、公平性も維持できます。

ただし、金銭を調達できる資金能力があるかどうか、代償相続した相続人が信用できるかどうかという問題があります。約束した金銭を支払わないトラブルも多いので注意が必要です。

共有

相続人同士で財産を共有する方法です。たとえば、家や土地を相続人全員の共有名義にして、分割せずに共有財産として持つことなどです。家に家族でそのまま住み続ける場合や、不動産や株式などで、時価評価の上昇を待って、相続した後で売却時期を考えたいといった場合に有効な方法です。

しかし、家の部屋割りや使い方などで不満が募ったり、共有者に新たな相続が発生したりするとモメるリスクがあります。多忙なのでとりあえず共有を選ぶ、という相続の例は多いのですが、かえってあとで泥沼になることが多いので安易な共有は避けた

ほうがいいのが実情です。

見知らぬ相続人にも、かならず連絡する！

法定相続人である限り、原則的に全員が相続権を持っており、遺産分割に関しても全員の合意が必要です。そのため、相続権のある相続人全員が遺産分割協議書に署名し、実印を押し、合意を証明しなければいけません。

ところが、戸籍調査や遺言などで、思いがけない見知らぬ相続人が出てくることがあります。場合によっては、そのことで、相続人の顔ぶれが変わってくることもありますし、相続順位が変わってしまったりすることもあります。

それでも、その見知らぬ相続人にも、必ず連絡を取って、遺産分割協議を相続人全員の出席のもとで行わなければなりません。

相続人全員が合意しない遺産分割協議書には効力

がなく、相続がはじめからやり直しになってしまいます。

ただし、行方がわからず連絡が取れないという場合、家庭裁判所に「不在者の財産管理人選任申立書」、また、相続人の生死が不明の場合には、「失踪宣告審判申立書」を提出します。

また、一部の相続人が、相続を放棄すると言ってきた場合、家庭裁判所にその人だけが相続放棄の申述を行い、正式に相続放棄が認められた場合のみ、遺産分割協議から外れることができます。

「寄与分」「特別受益」とは？

遺産分割でむずかしいものに、「寄与分」の問題があります。被相続人と各相続人との関係は、現実には、疎遠な人もあれば、晩年ずっと介護を続けていたという人もいて、決して杓子定規な分割にそぐわないものがあります。

たとえば、法定相続人が兄弟のみの場合で、ひとり介護を続けてきた長男と、疎遠にしていた次男と法定相続分として半分ずつというのは、不公平感が残ります。

そこで、被相続人の財産の維持管理に貢献した分を「寄与分」として、遺産分割の際に反映させます。

「寄与分」をどのくらいにするかは、遺産分割協議で相続人の間で合意が取れていれば、任意で構いません。モメるようであれば、家庭裁判所の調停を受けます。

もうひとつ、相続の現場でありがちなのが、すでに被相続人の生前に、被相続人から資金援助を受けている相続人がいる場合です。

たとえば、長男だけ、父親から生前に開業資金を援助してもらっていたり、新居の頭金を払ってもらっていたりした場合、父が亡くなって相続人になった際、長男を「特別受益者」として、生前受けた資金を贈与として計算し、その分を相続分から差し引くのです。こうして、遺産分割における公平さを保つようにします。

36

> **ワンポイント** 暴力息子は、相続欠格にできる。

遺産の分け方には次の３つの方法がある

①現物分割	財産の現物によって、分割を行う方法。個々の財産そのものを分割する場合のほか、財産の種類で分けあう方法がある
②換価分割	財産を売却するなど、金銭に換えたうえで分割する方法。現物での分割が不可能だったり、分割で価値が損われる場合
③代償分割	財産を分割するとき、不動産などのように、現物の分割が難しかったり、不適当と考えられる場合、金銭などで代償、埋め合わせする方法

共　有	財産を共有名義にしておく方法。共同利用のほか、時期を見計って分割する際に用いる

POINT 3

おそるべし！遺言書の威力

遺言書は最優先。相続のトラブルも未然に防ぐことができる。しかし不備があると大変な事態にもなりかねない怖さを持つ遺言書とは？

コマ1: オフクロの遺言書が見つかったぞ！

コマ2: ホッ、これで遺産分けもスムーズにできそうね

コマ3: でもこんな手書きの遺言書で大丈夫かな…

コマ4: 不備があると無効になるらしいよ

コマ5: ちゃんと税理士さんに見てもらってよ

コマ6: もちろん調べてもらうよ。ほかにも遺産があるようだし…

38

ワンポイント 安心確実な遺言作りなら、プロが作る公正証書遺言。でもお金もかかりますよ。

遺言書は最優先！相続を左右する指定相続分と遺贈

もし、遺品の整理をしているときに、遺言書が出てくると、相続全体が一変してしまいます。相続では、遺言書の内容が最優先されるからです。

本来、遺産となる財産の持ち主である被相続人が、自分の財産をだれにどのように相続させるかは、相続人の自由です。その意思を遺言書として残してあれば、財産の持ち主の意思が最優先されるのです。だれにどのくらい相続させるか、遺言書によって指定されたものを指定相続分といい、遺言書による指定は法定相続分や相続順位に優先します。

たとえば、自分に冷淡だった次男より長男の取り分を多くしたい場合に、長男に3分の2、次男に3分の1、などの配分を指定できます。

また、本来相続人にならない人などにも、遺言書によって遺産を譲ることもできます。晩年介護に尽くしてくれた長男の嫁にも財産を指定することもできます。

とんでもない遺言に対抗できる！遺留分制度

「全財産を愛人にあげる」といった遺言を容認しがたい遺族の場合には、対抗する手段があります。ひとつは、遺留分という制度です。どんなに遺言が本来の法定相続人を無視した相続分を指定しても、法定相続人は最低限の遺産を相続できるようになっています。これを遺留分といいます。

ただし、遺留分が認められる法定相続人は、配偶者と第1順位、第2順位までで、第3順位の兄弟姉妹には、遺留分はありません。

また、図（43ページ）のように、相続できる割合も、本来の法定相続分よりも小さくなります。話し合っても解決しない場合には、家庭裁判所に調停を申し立てることもできます。

きます。これを、遺贈といい、遺贈を受ける人を受遺者といいます。

借金なら相続したくない！限定承認と相続放棄

借金を相続しない制度がある

遺産を整理するうちに、思いがけない多額の借金が見つかったという話は多々あります。場合によっては、プラスの財産より借金のほうが多いこともあります。その場合、相続人がどこまで債務を引き受けるのか。

相続では、原則として、被相続人のプラスの財産だけもらって借金は断る、ということはできません。相続とは、被相続人の財産に伴う権利と共に、債務などの法的義務も引き受けることでもあるからです。

ただし、3ヵ月以内であれば、借金がかなりありそうだとわかってきてから、相続そのものをやめる（相続放棄）か、相続財産の範囲内だけ債務を引き受ける（限定承認）か、選ぶことができます。

これによって、相続したばかりに、多額の借金を引き受け、返済に追われるということを防ぐことができるのです。

明らかに債務のほうが多ければ、当然相続放棄を選んだほうがよいでしょう。

この場合は、家庭裁判所に相続放棄申述書を提出します。3ヵ月経っても、債務がどのくらいあるのかわからない場合は、限定承認を選んでおきます。

つまり、3ヵ月を過ぎてから、やはり借金のほうが多かったということになっても、限定承認の申し立て（家事審判申立書）を家庭裁判所にしておけば、相続したプラスの財産以上に債務を弁済する必要がなくなり、損することは防げます。

また、弁済した後に財産が残っていれば、相続人のものになります。ただし、限定承認の場合は、相続人全員で申請しなくてはならず、財産目録も提出しなければなりません。

3ヵ月以内に、意思決定する！

限定承認も相続放棄も、3ヵ月以内に、家庭裁判

遺言書のタイプにはそれぞれ長所・短所がある

	自筆証書遺言	公正証書遺言	秘密証書遺言
手続き	本人が行う	遺言者、証人2人、公証人	遺言者、証人2人
証人	不要	2人以上	2人以上
書く人	本人	公証人（遺言者の口述）	本人（代筆も可）
ワープロ	不可	可	可
印鑑	本人	本人、公証人、証人	本人、公証人、証人
秘密保持	見られないかぎり秘密にできる	公証人と証人は内容・存在を知る	存在は知られるが、内容はわからない
内容無効の恐れ	書式、内容が法的に認められないと無効	無効にはほとんどならない	書式、内容次第で無効になる恐れ
保管場所	本人が保管	原本は公証人役場、正本は本人	本人が保管
発見	死後発見されないことも	存在は明確にできる	存在は明確にできる
作成方法	本人が自筆で。署名、日付、押印が必要	公証人役場で公証人が作成	公証人役場で持参した遺言書を本人のものと証明してもらう
場所	自宅で可	公証人役場	自宅で可。公証人役場に持参

所に申述しなければいけません。ただし、相続財産の内容が複雑であったり、債務の存在や金額を確認するために相当の期間を要すると見込まれるなどの理由があれば、相続開始から3ヵ月以内に家庭裁判所に審判を請求することが可能です。

したがって、このような特別の場合を除き、申述がなければ、単純承認といって、そのまま借金が多額でも相続することを承認したことになってしまいます。

また、この3ヵ月以内に相続財産の一部をやむなく売却や消費してしまうことがあると、限定承認も相続放棄もできなくなります。

このように、3ヵ月以内という区切りは、財産の概要をほぼ把握できていなければならない期限になります。相続手続きの短期目標として、この期間に、財産総額、財産の種類、債務などの全体像をある程度明らかにするよう計算しておきましょう。

相続は「単純承認」「限定承認」「相続放棄」の3種類

通常は遺産のすべてを相続する単純承認ですが、会社経営や個人事業主が亡くなった場合には要注意です。借金、未払い金、税金の滞納や会社の連帯保証人になっている場合、あとから借金が発覚するケースも多々あります。

財産よりも借金が多い場合は相続放棄、財産の範囲内で借金を返済する場合は限定承認をしておきましょう。限定承認をしておけば、仮に1億円の財産を相続したあとに、1億5000万円の借金が発覚した場合、相続財産の1億円だけ返済し、残りの5000万円の返済は必要なくなるのです。

また、相続放棄は1人でもできますが、限定承認は相続人全員の申請が必要ですので注意しましょう。

ワンポイント 世話になった嫁を養子にすれば相続人にしてやれる。

遺留分割合とはどんなものか？

例 1億円の財産を愛人に遺贈するという遺言書。法定相続分の半分が遺留分（取り戻せる分）。

❶妻と子どもが相続人の場合

本来であれば、妻と子どもが相続人で、1億円の $\frac{1}{2}$ の5,000万ずつを分け合う。愛人にわたす遺言の1億円をいくら取り戻せるでしょうか？

→ 妻と子ども合わせて、$\frac{1}{2}$ の遺留分。
1億円 × $\frac{1}{2}$（遺留分）＝5,000万円（妻と子ども合わせた遺留分）
妻と子どもは各2,500万円ずつ取り戻せる。
（子どもが複数いる場合は2,500万円を人数で割る）

❷妻と夫の両親が相続人の場合

→ 遺留分は妻と両親で合わせて $\frac{1}{2}$
1億円 × $\frac{1}{2}$（遺留分）＝5,000万円
妻の法定相続分は $\frac{2}{3}$ ですので　1億円 × $\frac{1}{2}$ × $\frac{2}{3}$ ≒3,333万円
両親の法定相続分は2人で $\frac{1}{3}$　1億円 × $\frac{1}{2}$ × $\frac{1}{3}$ ≒1,666万円

❸妻と夫の兄弟姉妹が相続人の場合

→ 遺留分は妻が $\frac{1}{2}$ で、兄弟姉妹はなし。
妻のみ1億円 × $\frac{1}{2}$ ＝5,000万円

❹子どもだけで相続する場合

→ 遺留分は $\frac{1}{2}$　1億 × $\frac{1}{2}$ ＝5,000万円

❺妻だけで相続する場合

→ 遺留分は $\frac{1}{2}$　1億 × $\frac{1}{2}$ ＝5,000万円

❻両親だけで相続する場合

→ 遺留分は $\frac{1}{3}$　1億 × $\frac{1}{3}$ ≒3,333万円

❼兄姉妹だけが相続人の場合

→ 遺留分はなし。
兄弟姉妹は遺留分なし。兄弟姉妹が相続する場合、遺言書を作成する必要がある。
父（死亡、被相続人）は1億円の財産を「全財産を長男に相続する」と遺言で残した場合。

❽法定相続人が、妻と長男、二男の場合

→ 遺留分は3人合わせて $\frac{1}{2}$　1億 × $\frac{1}{2}$ ＝5,000万円
妻は、1億 × $\frac{1}{2}$（遺留分）× $\frac{1}{2}$（相続割合）＝2,500万円
長男、二男は、1億 × $\frac{1}{2}$（遺留分）× $\frac{1}{4}$（相続割合）＝1,250万円①

POINT 4

私の相続税はいくらになる?

遺産には課税される財産と非課税の財産がある。とくに不動産は評価によって大きく差が出る財産。実際以上に高い評価額で申告すると本来納めなくてもよい税金を払うことに……。

コマ1:
オフクロの遺産は全部でいくらになるんだろう

コマ2:
財産目録は作ったんでしょ

コマ3:
土地や家は評価してもらわないとわからないよ

コマ4:
高ければ税金取られちゃうよ

コマ5:
税金払えなくて、土地を売った人もいるらしいわ

コマ6:
不動産の評価で大きく差が出るんだな

コマ7:
評価額はどのくらいになるのかしら?

運命が分かれる基礎控除額

相続は、遺産を相続する人すべてに課税されるのではありません。遺産総額がこの額に達するまでは課税しない、という基礎控除額があるからです。

現在、基礎控除額は、5000万円+1000万円×法定相続人の数という式で求められます。

たとえば、法定相続人が被相続人の配偶者とひとり息子の場合は、5000万円+1000万円×2人で、7000万円が基礎控除額になります。つまりこの親子の遺産総額が7000万円に達しなければ、相続税は課税されない、ということです。

遺産総額が、7000万円以上になると、この親子は、相続税の申告を行わなければならなくなります。この場合は、7000万円を超えた分の財産に相続税が課税されます。

財産の種類で分類する

遺産総額とは別に、課税対象の財産なのか、非課税の財産なのかという、財産の種類による分類も必要になってきます。課税対象になる財産には、実際に取得することになる財産のほかに、みなし相続財産と、3年以内の生前贈与がプラスされます。

みなし相続財産とは、生命保険金や死亡退職金のように、生前の被相続人の財産ではないものの、死亡が原因で相続人が受け取ることになるような財産のことです。

また、相続人が、相続時精算課税（76ページ）の適用を受けて贈与をしてもらっている場合、あるいは、相続開始前3年以内に被相続人から贈与されているときは、その期間にもらったすべての贈与財産を課税対象の財産として加算します。

ただし、すでに贈与税が課されていた場合は、贈与税額の分は控除して、二重課税を防ぎます。

課税対象の財産を合算したら、非課税になる財産

の種類を特定して、相続財産の計算の際、そこからマイナスしていきます。

非課税財産や債務として控除できる主なものとして、葬儀代、お墓、仏壇などの祭祀関係などがあります。48ページの表に主な非課税の財産をまとめました。もちろん、債務にも課税はされません。

10ヵ月以内に相続税を申告、納付する

相続税額は、次のステップで計算し、被相続人の死亡時から10ヵ月以内に申告納付します。ここでは計算方法の大枠をつかんでおけば十分です。

各相続人それぞれの配分の中で、財産の課税価格を計算し、それを合算します。これが正味の遺産総額になります。

1. 課税価額の合計額から、基礎控除額を差し引きます。

2. 基礎控除額を差し引いた課税遺産の総額を、各相続人の法定相続分で分割して、その額を税率表に照らして、各相続人の相続税を計算します。それを合算すると、相続税の総額が出ます。ここまでが、左ページの流れです。

3. 相続税の総額を各相続人の実際に取得した相続財産の比率で配分します。その各相続人に配分された額から、各相続人に課せられた税額控除や加算分などを加味して計算し、各相続人が納付しなければいけない相続税額を算出します。これについては、114ページで詳しく解説します。

7種類の税額控除

次の7種類の税額控除があります。各相続人の納税額から、適宜控除していきます。

(1)配偶者の税額軽減/(2)3年以内における贈与税額控除/(3)未成年者控除/(4)障害者控除/(5)相次相続控除/(6)外国税額控除/(7)相続時精算課税分の贈与税額控除

46

相続税の計算の流れ

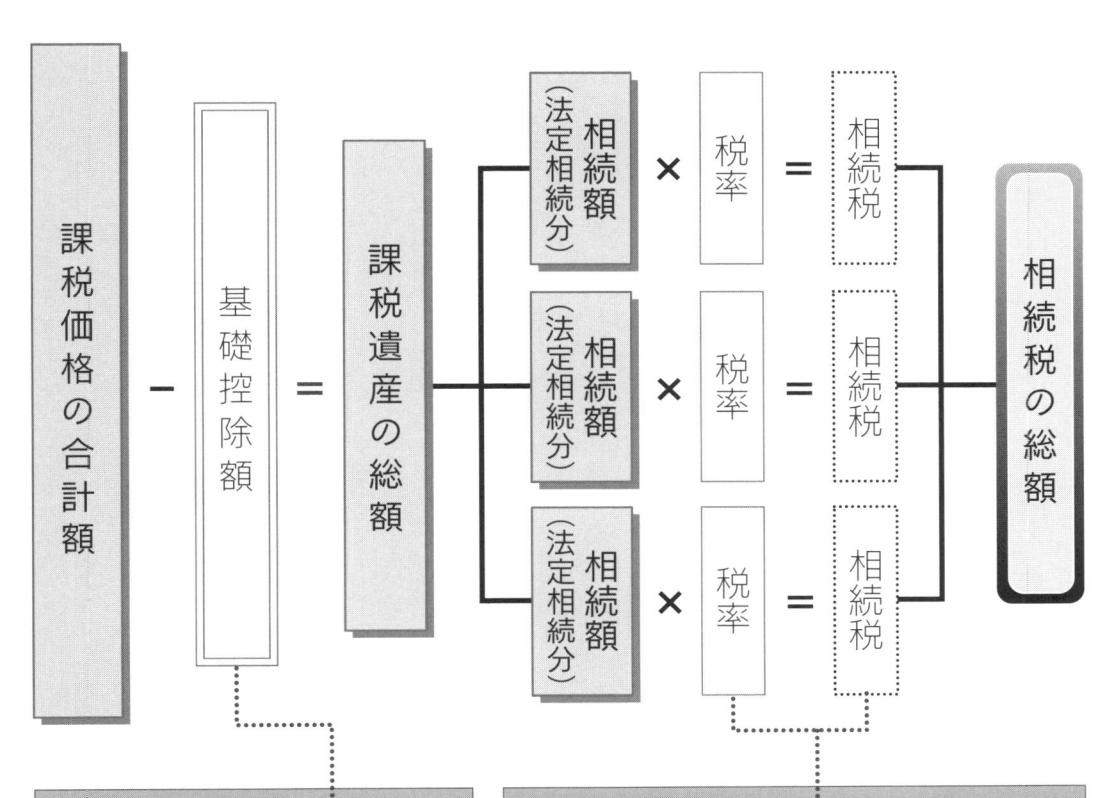

```
課税価格の合計額 − 基礎控除額 = 課税遺産の総額
  ├─ 相続額（法定相続分）× 税率 = 相続税 ┐
  ├─ 相続額（法定相続分）× 税率 = 相続税 ├─ 相続税の総額
  └─ 相続額（法定相続分）× 税率 = 相続税 ┘
```

基礎控除額

法定相続人の人数	基礎控除額
1人	6,000万円
2人	7,000万円
3人	8,000万円
4人	9,000万円
5人	10,000万円

■基礎控除額の算出方法
5000万円＋（1,000万円×法定相続人の人数）

相続税の速算表

法定相続分に応じた取得額	税率	控除額
1,000万円以下	10%	—
3,000万円以下	15%	50万円
5,000万円以下	20%	200万円
1億円以下	30%	700万円
3億円以下	40%	1,700万円
3億円超	50%	4,700万円

■相続税額の算出方法
法定相続分取得額×税率−控除額＝相続税額
例 法定相続分取得額が4000万円の場合
4000万円×20％−200万円＝600万円

> **ワンポイント** 相続放棄や限定承認するほどでもない債務は、相続人同士で公平に負担しよう。

相続財産の課税と非課税の区分

課税対象の財産	土　　　地	宅地、農地（田畑）、山林、牧場、原野、雑種地、池沼など
	土地に関する権利	宅地の地上権、借地権、定期借地権など
	家　　　屋	自用家屋、賃家、工場、倉庫、門、塀、駐車場、庭園設備など
	事業用・農業用の財産	機械、器具、備品、車両、製品、商品、半製品、原材料、農産物、牛馬、果樹、営業権など
	現金・預金・有価証券	現金、各種預貯金、株式、公社債、出資金、貸付、信託、証券投資信託など
	家庭用財産	家具、什器備品、自動車、宝石、貴金属、書画骨董、電話加入権など
	そ　の　他	自家用立木・果樹、貸付金、未収金（地代、家賃など）、配当金、ゴルフ会員権、特許権、著作権など
	生命保険金	保険料支払い者により、全額か一部に課税
	死亡退職金	死亡退職金控除があり、一部課税、一部非課税
	個人年金	被相続人が負担した掛け金に対する部分に課税
	特別縁故者の分与財産	誰も相続人がいないとき、特別縁故者に分与される財産
	生前贈与財産	相続開始前３年以内に、被相続人から贈られた財産
非課税の財産	祭祀関係	墓地、墓碑、仏壇、神棚、仏具、祭具
	生命保険金	相続人が受け取った金額 （500万円×法定相続人の人数）は非課税
	死亡退職金	相続人が受け取った金額 （500万円×法定相続人の人数）は非課税
	寄　　　付	国、地方公共団体、公益団体へ寄付した財産
	公益事業財産	宗教、慈善、学術団体などの公益事業の用に供することが確実な公益事業財産
	心身障害受給権	心身障害者扶養共済制度による給付金の受給権

第2章

これであなたも相続マスター〈実践相続手続き〉

POINT 1

こうすればうまくいく相続手続きスタート

相続手続きはさまざまな種類の書類が大量に必要になる。きちんと整理しファイリングしておかないと、二度手間三度手間になる場合も……。

- 遺品の整理だけでも大変だなぁ
- 届出関係は私がやるから、頑張って
- 書類はオレが整理するよ
- みんなで協力し合わないと終わらないわ
- オフクロのおかげで家族の絆が強くなった気がするよ…

ワンポイント 被相続人の自動車を使う場合は急いで移転登録を。

相続手続きにはお金がかかる

亡くなった被相続人の銀行預金は、金融機関がその死亡を知った時点で停止され、遺族といえども引き出すことはできなくなります。

そのため、手続きのための運転資金を自己資金のなかから確保しないと、あとで困ることになります。

戸籍謄本の取り寄せ、各種郵便物の郵送料、交通費など、細かい費用も忘れてはいけません。

葬儀費用などは、お寺に相談すると、相続後まで待ってくれる場合もありますが、香典返し、礼状など、原則として、相続人の自己資金で出さなければならないため、あらかじめ予算を確保しておきましょう。

領収書は必ず保管する

手続きにかかったすべての領収書類は保管しておきます。葬儀代など、控除の対象になるからです。

また、今後膨大な書類が必要となり、手続きのたびに必要書類を提出したりコピーしなければなりませんので、分類しながら大切に保管しましょう。

代表相続人を決めないと大変

手続き上、重要なのが、代表相続人の選定です。遺族、つまり相続人同士で話し合い、相続手続きをする代表相続人を決めましょう。

具体的な手続きを始めてみるとわかりますが、銀行や役所などとは、電話や書類等を何度もやり取りしますので、連絡先を一本化しておかないと、効率が悪い上に、まちがいを起こしやすくなってしまいます。このときに銀行の振替口座もひとつにしておいたほうが効率的です。

また、代表相続人ひとりだけに細かな手続きをさせることになりますので、他の相続人が手数料などを相応に負担したり、遺産分割の際、代表相続人に多少の寄与分を考慮したり、相続人の間でトラブル

遺品の整理、まずこれをやっておこう

にならないように気をつけましょう。

よくある例なのですが、相続人同士で押しつけあって代表相続人が決まらないときもあります。その場合には、弁護士などの専門家に具体的な手続きまで代行してもらうことも可能です。

遺品の整理①　まず「遺言書」を探す

突然亡くなってしまった場合など、遺族はなにから手をつけてよいのかわからないものです。それでも、被相続人の死亡日から相続のスケジュールは動き始めています。

まずは、被相続人の家や部屋などにある遺品を整理して、遺産の概要を把握していかないとなにも進みません。

遺品の概要から財産の全体像が見えてきますし、具体的にどのように相続手続きを進めていくかという方針も決められます。

- 書類だけをまず分別する
- その中から、「遺言書」と思われるものを探す
- 遺品の保管スペースを確保する

もっとも重要なのは、「遺言書」の発見です。第1章でも述べたように、相続の場合、故人の意思として「遺言書」をもっとも重視し、相続全体が左右されるからです。もし発見したら、弁護士などの専門家に相談してください。

とくに、封印されている場合は決して開封しないようにしてください。「遺言書」は、家庭裁判所で「検認」の手続きを受けなければなりません。詳しくは66ページで解説します。

遺品の整理②　書類の仕分け

相続人全員で協力し合い、残された書類関係を徹底的にチェックしていきます。

52

ワンポイント　他人事ではなくなった相続。あなたにも相続税が課せられるかも…

- 金融機関に関係するもの（通帳、カード類、支払い明細等の郵便物）
- 債権、債務に関係するもの（ローンの明細、督促状、貸借契約書）
- 法的なもの（各種契約書、登記関連書類、保証人契約書）
- 保険証書（生命保険など各種保険契約の証書）
- 手紙類（隠れた相続人の存在、隠れた権利義務関係）

各種停止手続き・名義変更

被相続人の死亡日から起算される相続手続きのスケジュールは待ったなしです。まず急いで処理するものをあげてみましょう。これらは、すみやかに行わなければならない手続きです。

書類を整理して郵便物などで明らかになった連絡先を確認し、手続きを進めましょう。

- クレジットカードの課金を停止する
- 郵便物の転送届け
- 生命保険、公共料金、携帯電話、インターネットサイトなどの自動課金停止
- 国民年金、厚生年金、共済年金、健康保険の停止
- 被相続人の職場への退職手続き

銀行にその口座の持ち主の死亡を告げないと、さまざまな入出金が続いてしまい、相続財産の計算が複雑になってしまいます。クレジットカードの課金も、公共料金も同様です。

また、郵便物の転送届けについては、郵便法では、相続人への転送は行わないことになっていますので、注意が必要です。

戸籍関係書類

法定相続人である証明をするために必ず提示を求

まず、被相続人の出生から死亡までの連続した戸籍謄本と、相続人と被相続人との関係を証明する相続人の戸籍謄本が必要になります。

被相続人の死亡地の役所で、被相続人の除籍謄本を入手し、その内容から、被相続人の出生までをたどっていきます。転居していれば、その住所地の役所に連絡して、戸籍謄本を入手します。

また、戸籍に記載されてある年月日を確認しながら、必ず連続しているかの確認が重要です。部数は、請求される機関分が必要ですが、確認のあと、返却する機関もありますので、事前に確認しておきましょう。

- 死亡届、死亡診断書のコピー
- 相続関係図
- 各相続人の身分証明書（運転免許証など）、実印、印鑑証明書

生命保険と名義変更

亡くなった方が生命保険を掛けていた場合、生命保険の受取人が生命保険会社に請求することになります。

また、遺産分割協議後でも、預貯金、不動産、有価証券等の財産は、名義変更をしなければ、その財産を処分することはできません。

預貯金であれば、その金融機関、不動産は法務局、有価証券（株式）なら証券会社、自動車なら陸運局に、指定された書類を提出し名義変更を行いましょう。

ワンポイント　戸籍謄本はけっこう高い。

各種名義変更の手続きチェックリスト

I. 相続開始後に行うもの

行	項目		期限（相続開始後）	手続き先	必要書類等
1	☐ 公共料金	電気		電力会社	☐ 領収書（旧使用者番号）
		ガス		ガス会社	☐ 領収書（旧使用者番号）
		水道		水道局	☐ 領収書（旧使用者番号）
		電話		電話会社	☐ 領収書（旧使用者番号）
2	☐ 公共料金の口座振替の変更			取り扱い金融機関	☐ 口座一括振替書 ☐ 金融機関の通帳および通帳の印鑑
3	☐ クレジットカードの退会			クレジットカード会社	☐ 解約届
4	☐ 役員変更登記		2週間以内	法務局（司法書士へ依頼）	☐ 役員変更登記申請書 ☐ 死亡届出書
5	☐ 固定資産税（相続登記前に1月1日を過ぎた場合）			市町村の税務課	☐ 相続人の代表者指定届

(注) 上記の必要書類等は、被相続人・相続人の状況や地域により異なる場合がありますので、詳しくはそれぞれの手続先にご確認ください。

II. 遺産分割協議終了後に行うもの

行	項目	期限（相続開始後）	手続き先	必要書類等
1	☐ 自動車		自動車登録代行センター（ディーラーが代行）	☐ 被相続人の戸籍(除籍)謄本 ☐ 被相続人の住民票の除票 ☐ 相続人の戸籍謄本 ☐ 遺産分割協議書 ☐ 相続人の印鑑証明書・印鑑 ☐ 自動車検査証

行	項目		期限 (相続開始後)	手続き先	必要書類等
2	不動産 □ ①登録済みのもの			法務局 (司法書士へ依頼)	□ 被相続人の戸籍(除籍)謄本 □ 被相続人の住民票の除票 □ 相続人の戸籍謄本 □ 遺産分割協議書 □ 相続人の印鑑証明書・印鑑 □ 相続人の住民票 □ 代理権限証書(委任状)
	□ ②未登記の家屋			市区町村の税務課	□ 家屋課税台帳名義人変更願
3	□ 賃貸借契約			地主又は家主	□ 契約書 □ 地主等が要求する書類
4	□ 根抵当権		6月以内	法務局 (司法書士へ依頼)	□ 被相続人の戸籍(除籍)謄本 □ 相続人の戸籍謄本 □ 相続人の住民票の写し □ 遺産分割協議書 □ 相続人の印鑑証明書・印鑑 □ 権利証 □ 根抵当権変更契約証書 　(合意証書)
5	□ 借入金			金融機関	□ 被相続人の戸籍(除籍)謄本 □ 相続人の戸籍謄本 □ 遺産分割協議書 □ 相続人の印鑑証明書・印鑑 □ 各銀行所定の債務者変更申込書
6	□ 上場株式	取引口座の変更		証券会社	□ 被相続人の戸籍(除籍)謄本 □ 相続人の戸籍謄本 □ 遺産分割協議書 □ 相続人の印鑑証明書・印鑑
		株式		信託銀行	□ 被相続人の戸籍(除籍)謄本 □ 相続人の戸籍謄本 □ 各銀行所定の株式名義書換請求書 □ 新名義人の株主票 □ 共同相続人同意書 □ 相続人の印鑑証明書・印鑑

> **ワンポイント** 戸籍謄本は、少なくとも銀行口座の数分の部数をそろえておくとよい。

行	項目		期限 (相続開始後)	手続き先	必要書類等
7	☐ 非上場株式及び出資金			発行会社	☐ 被相続人の戸籍(除籍)謄本 ☐ 相続人の戸籍謄本 ☐ 遺産分割協議書 ☐ 相続人の印鑑証明書・印鑑 ☐ 出資証券
8	☐ 預貯金			金融機関	☐ 被相続人の戸籍(除籍)謄本 ☐ 相続人の戸籍謄本 ☐ 遺産分割協議書 ☐ 相続人の印鑑証明書・印鑑 ☐ 各銀行所定の払戻用紙や同意書等 ☐ 預金通帳および証書
9	☐ 生命保険 (被相続人が契約者・受取人の場合)			保険会社	☐ 各保険会社所定の名義変更請求書兼改印届 ☐ 被相続人の戸籍(除籍)謄本 ☐ 相続人の戸籍謄本 ☐ 相続人の印鑑証明書・印鑑 ☐ 保険証券
10	☐ 損害保険 (被相続人が契約者の場合)	積み立て保険		保険会社	☐ 各保険会社所定の権利継承承認請求書 ☐ 被相続人の戸籍(除籍)謄本 ☐ 相続人の戸籍謄本 ☐ 相続人の印鑑証明書・印鑑 ☐ 保険証券
		掛け捨て保険		保険会社	☐ 各保険会社所定の異動承認請求書 ☐ 相続人の印鑑証明書・印鑑 ☐ 保険証券
11	☐ ゴルフ会員権			所属ゴルフ場	☐ 各ゴルフ場所定の書類
12	☐ 電話加入権			NTT	☐ 被相続人の戸籍(除籍)謄本 ☐ 相続人の戸籍謄本 ☐ 印鑑
13	☐ リース契約			リース会社	☐ 相続届書 ☐ 被相続人の戸籍(除籍)謄本 ☐ 相続人の戸籍抄本 ☐ 相続人の印鑑証明書・印鑑

(注)上記の必要書類等は、被相続人・相続人の状況や地域により異なる場合がありますので、詳しくはそれぞれの手続き先にご確認ください。
出典：相続税申告書作成システム(ASP/TPS8000)

生命保険金・年金等の請求手続きチェックリスト

Ⅰ．生命保険金等の請求手続き

行	項　目	期　限 (相続開始後)	手続き先	必要書類等
1	死亡保険金 ☐ ①生命保険		生命保険会社	☐ 保険会社所定の請求書 ☐ 保険証券 ☐ 保険会社所定の死亡診断書または検案書 ☐ 保険会社所定の同意書 ☐ 被相続人の戸籍(除籍)謄本 ☐ 相続人の戸籍謄本 ☐ 相続人の印鑑証明書 ☐ 事故証明書 　(交通事故の場合)
	☐ ②損害保険		損害保険会社	☐ 保険会社所定の請求書 ☐ 保険証券 ☐ 保険会社所定の死亡診断書または検案書 ☐ 被相続人の戸籍(除籍)謄本 ☐ 相続人の戸籍謄本 ☐ 相続人の印鑑証明書 ☐ 事故証明書 　(交通事故の場合) ☐ 保険会社所定の事故報告書

Ⅱ．年金等の請求手続き

行	項　目	期　限 (相続開始後)	手続き先	必要書類等
1	☐ 未支給年金		死亡者の所轄年金事務所	☐ 年金証書 ☐ 被相続人の戸籍(除籍)謄本 ☐ 請求者の戸籍謄本 ☐ 銀行の通帳および通帳の印鑑 ☐ 被相続人と請求者の住民票

ワンポイント 証券会社の口座で管理されている株式は証券会社、端株は株主名簿管理人である信託銀行等へ問い合わせよう。

行	項 目	期 限 (相続開始後)	手続き先	必要書類等
2	遺族年金 ☐ ①生命保険 ☐ ②厚生・共済年金	5年以内	市区町村の役所 (保険年金課) 勤務先の 年金事務所	☐ 裁定請求書 ☐ 死亡者と請求者の年金手帳 ☐ 死亡者と請求者との身分関係を明らかにすることのできる戸籍抄本 ☐ 死亡診断書 ☐ 銀行の通帳および通帳の印鑑
3	☐ 遺族補償給付	5年以内	労働基準監督署	☐ 死亡診断書 ☐ 相続人の住民票 ☐ 印鑑 ☐ 保険証 ☐ 遺族補償年金支給請求書 　(遺族補償年金の場合) ☐ 遺族補償一時金支給請求書 　(遺族補償一時金の場合) ☐ 遺族補償年金前払一時金支給請求書(遺族補償年金前払一時金の場合)
4	葬儀・埋葬に係る費用 ☐ ①葬祭料 　(業務上の死亡の場合) ☐ ②埋葬料 ☐ ③葬祭費	2年以内	事務所の所轄 労働基準監督署 勤務先または 年金事務所 市区町村の役所 (保険年金課)	☐ 死亡診断書、死亡検案書または検死調書の写し ☐ 被相続人の戸籍(除籍)謄本 ☐ 相続人の住民票 ☐ 印鑑 ☐ 葬祭料請求書 ☐ 死亡診断書、死亡検案書または検死調書の写し、埋葬許可書、火葬許可書又は事業主の証明書(いずれか一つ) ☐ 印鑑 ☐ 健康保険埋葬料請求書 ☐ 健康保険証 ☐ 埋葬許可書または火葬許可書 ☐ 印鑑 ☐ 国民健康保険葬祭費支給申請書 ☐ 国民健康保険証

(注) 上記の必要書類等は、被相続人・相続人の状況や地域により異なる場合がありますので、詳しくはそれぞれの手続き先にご確認ください。
出典:相続税申告書作成システム(ASP/TPS8000)

POINT 2

税金を減らす3つのポイント

賢い節税で身を守る。わかっていても実践できない理由は、生前に準備しなければならないから。残される遺族に負担をかけないよう事前対策を見直そう。

- もっと節税できないの?
- 相続税がこんなに…

- オフクロが生きているうちだったら…
- お墓は非課税だし、葬式代は控除できるよ

- お金はモノに換えておくべきだったのね
- もう一度土地評価をしてもらうか!

節税対策のポイントはこれ！

節税対策はいたってシンプルです。ポイントは――、

① 課税される財産を減らし、
② 相続する財産評価を低くし、
③ 特例や制度を賢く利用すること

この3つのポイントに共通していることは、生前にしておくべきことが多いということです。事前の対策で大きな差が出る相続税。賢い節税を心がけ実践していきましょう。

① 課税対象の財産を減らしておこう

相続される財産は、相続開始日の時価で評価されます。ただし、相続時精算課税（76ページ）が適用される贈与財産は、贈与を受けた日の時価で評価されます。この評価とは現金にした場合、いくらになるのかということです。

一般的に、相続財産で現預金以外のモノは低く評価されます。つまり、財産評価を下げることができるということです。課税される財産と非課税の財産は、48ページに一覧を記載していますが、非課税となる財産（たとえば、墓地や墓碑、非課税枠内の生命保険など）に換えておけば、その財産分には課税されないということになります。

「生命保険」もポピュラーな節税対策ですが、死亡保険金の非課税枠が、「500万円×法定相続人」とされ節税できる大きなモノのひとつです。

また「生前贈与」も有効な節税対策です。贈与税の控除額は年間110万円と小さいものの、毎年利用でき、法定相続人以外にも活用できます。つまり長年に渡って、多くの人に財産を贈与していくことが大切です。

そして、贈与はあげた人ともらった人の合意やその証拠を残し、もらった人は自己責任においてその財産を管理、使用収益しておきましょう。

贈与は無効とされるケースが多く、毎年同額を長

年贈与する契約や、個別の贈与契約なしに子ども名義の銀行口座に積み立てていたりすると、贈与とみなされない場合もありますので、ご注意を。

② 財産評価を低くする

「カネをモノに換えておく」ことで、財産評価を低くすることは可能です。

そのなかでも不動産は節税ナンバーワン。実際に相続される財産の半分は不動産ともいわれています。

更地にアパートを建てるなどの方法で、相続税評価額を圧縮し、駐車場やアパートなどの賃貸収入も期待できます。

不動産の評価額を下げるポイントは、さまざまな土地の疵（きず）を見つけ出すことが重要です。形の悪い土地（不整形地）や道路に接していない土地（無道路地）などは形状によって評価を下げることができます。また広い住宅地（広大地）であれば、最大65％も減額できます。

財産評価を下げられる可能性のある土地一覧

- 不整形地
- 無道路地
- 傾斜地（がけ地）
- 私道
- 広大地
- 土壌汚染地
- 突き当たり道路に面した土地
- 都市計画予定地にある土地
- 宅地造成規制区域
- 河川区域
- 騒音、悪臭、日当たりの悪い土地
- 高圧線が上にある土地
- 水路が通っている土地
- セットバックが必要な土地
- 市街地農地
- 墓地に面した土地
- 接面道路と高低差のある土地

> **ワンポイント**
> 故人の医療機関の領収書はすべて保存。債務控除が受けられる。

また「小規模宅地等の特例」が適用されると、宅地の評価額が最大80％の減額できます。

「小規模宅地等の特例」とは、亡くなった被相続人が居住や事業として使用していた土地は財産である前に生活基盤であって、ある一定の要件を満たした土地と相続人に対して、50％または80％の減額できるといった制度です（88ページ参照）。

③ 損をしない制度利用

課税財産を減らす節税対策とは別の考え方ですが、基礎控除額を増やす節税も見逃せません。

養子縁組で法定相続人を増やす節税対策は、基礎控除額が増えるばかりか、生命保険の非課税枠を拡大でき、結果として相続税率を下げることもあります。

また、孫を養子縁組して相続した場合は、相続税が2割加算されますが、課税を一代飛ばしにできますので、大きな節税となります。

もちろん控除を受けられる養子縁組には制限があ

ります、比較的簡易に即効性のある節税対策となります。

また配偶者への相続は1億6000万円か、法定相続分のいずれか高い方まで非課税となります。

しかし、非課税だからといって安易に配偶者にだけ相続させることには注意が必要です。

万一その配偶者が、すぐに亡くなってしまうと、多額の相続税が課せられますので、こうした一次二次の相続ケースも考えた上で、適用するようにしましょう。

POINT 3

遺言対策はきちんとしておく

遺言書は遺産分割をする上で有効な手段。しかし不備や記載漏れがあると、思わぬトラブルになることも……。使える遺言書はこう書け。

コマ1:
遺言書
おばあちゃんの遺言書は大丈夫だったの？

コマ2:
ああ、ちゃんと書いていたよ

コマ3:
事前に銀行に相談してたみたいね

コマ4:
用意周到のオフクロらしいな

コマ5:
あなたも遺言書を書いておいたら！

コマ6:
えっ、え～

64

こんな遺言書ならないほうがよかった

自治体や銀行、法律や会計事務所などが主催する「遺言書の書き方」セミナーが好評のようです。

相続に対する関心が高まってきていることは、嬉しいことですが、遺言書のトラブルもあとを絶ちません。

遺言書のトラブルとして多いのは、次のようなものがあげられます。

- 日付が記載されていない
- 遺留分を侵害している
- 財産を共有で相続させる内容が記載されている

財産を共有で相続してしまうと、自分一人の意思だけで財産を動かすことができません。

また、意図的に遺留分を侵害するといったケースもありますが、全財産について記載されていないと、遺言があるにも関わらず、遺産分割協議までするこ

とになる可能性があります。

そして、遺言執行人が記載されていないと、公正証書遺言でない限り、スムースに登記できない場合も少なくありません。

遺言書は思わぬ落とし穴がありますので、遺産分割協議も想定し、やはり専門家に相談しながら作成しましょう。

自分の意思で、相続してもらいたい人にちゃんと相続してもらうためにも、遺言のなかで遺留分を侵害するのもひとつのテクニックです。

意図的に遺留分に侵害する遺言を残しておき、モメた相続人に対して、解決金として遺留分に該当する金額だけの現金を渡す方法です。

ワンポイント 生命保険の契約書の受取人欄は遺言の代わりになります。

勝手に開けてはいけない自筆証書遺言

公正証書遺言の場合は必要ありませんが、自筆証書遺言の場合、発見した人や保管者が、遺言者の死亡後すぐに、遺言者の最後の住所地の家庭裁判所へ検認の申し立てをしなければなりません。

これは内容を明確にして、偽造を防止するための手続きです。

封がされている遺言を勝手に開封した場合、5万円以下の科料が課せられる可能性もあります。また、自分に不利な内容だからといって、隠したり、偽造したりすると相続人の資格も失います。

検認申し立てに必要な書類

- 遺言書
- 申立書
- 申立人、相続人すべての戸籍謄本
- 遺言者の戸籍謄本（除籍、改製原戸籍、出生から死亡までの全部の戸籍謄本）

トラブルを防ぐために遺言書を作成したほうがよいケース

- 遺産分割に不安がある
- 連れ子がいる
- 認知した子がいる
- 内縁の妻がいる
- 子どもがいない
- 第三者にも遺産を与えたい
- 遺産を寄付したい
- 遺産を与えたくない相続人がいる
- 相続人がいない
- 行方不明の家族がいる
- 分割しづらい不動産がある

その他、遺産の大小にかかわらず、遺言書には、自分の意思を明確にし、定期的な見直しを行うことも大切です。

ワンポイント 遺言書は多少の費用がかかっても、改ざんや紛失の心配のない公正証書遺言が安心です。

自筆証書遺言の書き方

日付を必ず入れる（吉日は無効）

全文を必ず自筆で書く

遺言書

私、東京太郎は次のとおり遺言する。

一、左記の土地の私の持分である二分の一は、妻東京花子に相続させる。

記

所在　杉並区○○七丁目○○番地
地番　○○番○○
地目　宅地
地積　弐参六・六六平方メートル

二、私の預貯金及び有価証券の一切は、長男一郎及び長女幸子に二分の一ずつ相続させる。

三、一項、二項に定める以外の私の財産はすべて妻東京花子に相続させる。

平成二十四年一月一〇日
東京都杉並区○○七丁目○番○号
東京太郎　㊞

本人が署名（自筆）する

必ず印を押す（実印が望ましいが、認印や拇印でも有効）

不動産登記簿謄本の通りに書く

【相続に関すること】
①相続分の指定、指定の委託
②遺産分割方法の指定、指定の委託
③遺産分割の一定期間の禁止（5年間）
④相続人の廃除、廃除の取り消し
⑤相続人間の担保責任の指定
⑥遺贈の遺留分減殺方法の指定
⑦特益受益者の持ち戻しの免除
⑧遺言執行者の指定または指定の委託

【財産処分について】
①遺贈
②寄付
③生命保険金の受取人の指定

【身分に関すること】
①認知
②後見人および後見監督人の指定

POINT 4

遺産分割のポイント

相続の最大のトラブルは遺産分割。金がからむと人間性も変わる。相続トラブルを未然に防ぐ遺産分割とは？

遺産分けって大変みたいね

親戚でも赤の他人よりヒドイって聞くよ

ウチは無事に済んでよかったね

次は私たちの番よ

えっ、え〜

ワンポイント 遺言に封印があるときは、絶対に相続人だけで開けてはいけない。

こんな遺産分割はやめなさい

相続人の相続分は民法で定められていますが、この法定相続分の通り、遺産の分割をしなければならないというわけではありません。遺言や遺族同士の話し合い（遺産分割協議）で決めることが大半です。

遺産分割の方法には34ページで触れたように、一般的な現物による分割のほか、代償（代物）分割、換価による分割があります。

相続財産が不動産しかなく、現預金のない場合、その不動産を共有で相続するケースもありますが、将来その不動産を売却したいときに、共有者すべての同意が必要となったり、共有者が亡くなった場合、次の世代の相続へと、より複雑化してしまう場合もあります。

このようなケースでは、代償分割や換価分割で金銭的に分割しておいたほうがよいでしょう。

私が親の面倒をみていたのに……

相続人同士での話し合いで決められれば一番よいのですが、相続人のひとりだけが、どれだけ親の面倒をみていても、民法の法定相続分は変わりません。平等という名の不平等感も否めません。これを解消するために寄与分という制度があります。

この制度は、亡くなった人（被相続人）の財産の維持・増加に特別の貢献があった相続人に対して、相続分を増加させることができるというものです。

しかし、この寄与分が認められるためには、単に同居していた、介護をしていただけでは難しく、自分の私財を提供して、被相続人の生活費をまかない、医療費や介護費などの支出を避けて、被相続人の財産維持を行った場合や、無報酬で、被相続人の事業に従事した場合といったように、相続財産の減少を防ぐことが必要です。

このようなケースは多々ありますので、不満や不公平感を解消するためにも、遺言は有効な手段です。

第2章 これであなたも相続マスター〈実践相続手続き〉

前記の通り相続人全員による遺産分割の協議が成立したので、これを証するための本書を作成し、以下に各自記名押印する。

平成24年３月28日

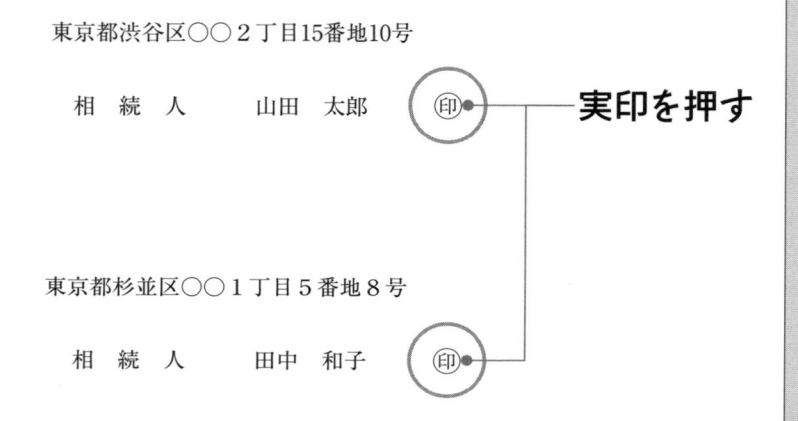

東京都渋谷区〇〇２丁目15番地10号

　相　続　人　　　山田　太郎　㊞ ── 実印を押す

東京都杉並区〇〇１丁目５番地８号

　相　続　人　　　田中　和子　㊞

山田さんの遺産分割協議書の作成例

遺産分割協議書

　被相続人　山田　花子　の遺産については、同人の相続人の全員において分割協議を行った結果、各相続人がそれぞれ次のとおり遺産を分割し、取得することに決定した。

１．相続人　山田　太郎　が取得する財産
　（１）宅地　東京都渋谷区〇〇３丁目３番地３号
　　　　　　　　　300㎡
　（２）家屋　東京都渋谷区〇〇３丁目３番地３号
　　　　　　　木造　居宅　240㎡
　（３）家財一式　東京都渋谷区〇〇３丁目３番地３号
　　　　　　　　　300,000円
　（４）電話加入権　03－〇〇〇〇－〇〇〇〇
　　　　　　　　　2,000円

２．相続人　田中　和子　が取得する財産
　（１）定期預金　〇〇銀行渋谷支店
　　　　　　　　　75,000,000円
　（２）普通預金　△△銀行渋谷支店
　　　　　　　　　5,000,000円

３．相続人が承継する債務
　　山田　太郎
　（１）渋谷区役所　　H23年分固定資産税
　　　　　　　　　120,000円
　（２）〇〇寺
　　　　　　　　　500,000円
　（３）〇〇葬儀社
　　　　　　　　　2,500,000円

４．上記のほか、相続人　田中　和子　が取得する遺産以外の一切の遺産は、
　　山田　太郎　が相続する。

> 分割協議書が複数枚にわたるときは、各人が契印（実印）をする

遺産分割協議書の作成

遺産分割の方法が決まれば、その財産や相続人を明らかにしておきましょう。

これを書面にしたものが、遺産分割協議書です。

遺産分割協議書の作成のポイントをあげておきましょう。

① 被相続人の戸籍謄本などから、氏名、生年月日、死亡年月日、本籍、住所などの確認
② 相続人の印鑑証明、実印、署名
③ 財産の内容確認（不動産なら登記簿謄本、預貯金なら銀行口座で確認）

遺産分割協議書作成のコツ

申告後に財産が見つかったりすると、新たに分割協議をしなければなりません。

また、その際には相続人全員の実印が必要になったり、再度書類を集めたりと二度手間になってしまいます。

これを未然に防ぐ意味でも、遺産分割協議書の最後に「その他一切の財産・債務は配偶者が相続する」という一文を入れておく方法があります。

この一文を入れておくことで、あらたに遺産分割をする必要がなくなり、配偶者の税額軽減の適用も受けられます。ただし当然のことですが、相続人とモメないようにしておくことが前提です。

遺産分割協議がまとまらない場合

相続人の同意が得られなかったり、話し合いに応じてくれない場合もあります。

この場合、遺産分割協議書は作成できませんので、家庭裁判所に調停や審判を委ねることになります。

調停は、家庭裁判所が間に入り、相続人の仲介を行い、最終的には相続人同士の合意を得るものですが、調停でも合意が得られない場合は審判へと移行

ワンポイント 金融機関のすべてで不明口座検索をせよ。眠っているたんす預金を洗い出すべし。

します。

審判は、家庭裁判所が総合的に判断し、法定相続分に基づいて決定しますので、強制力があります。

それでも不服のある場合は、不服申立てを行い、高等裁判所で再度判断されることになりますが、裁判には、時間も労力も費用もそしてなによりも精神的なストレスが大きくのしかかりますので、話し合いがまとまらない場合は、弁護士、税理士などの第三者を交えて、早めに解決しておきましょう。

トラブルの代表は不動産

相続する財産に現金がなく、不動産のみといったケースは少なくありません。不動産の場合、分割しにくいばかりか、法定相続分通りに分割してしまうと、亡くなった方との関係の度合いによっては、不公平感から感情論争までも生じてしまいます。トラブルを回避するため、民法では前述したように相続財産に寄与分や特別受益分が認められていますが、

不動産のみの相続の場合は、「共有」「換価分割」「代償分割」の3通りの方法が考えられます。

たとえば、親と同居し、長年親の療養看病介護を続けていた兄と、別居し一切の手伝いもしなかった弟の2人が相続人の場合、相続する不動産を兄と弟の共用名義とする「共有」、不動産を売ったお金を兄と弟で分ける「換価分割」、そして不動産を兄が相続する代わりに、弟に不動産の価値分の現金を支払う「代償分割」の3通りです。

この場合「共有」では、将来相続した不動産を売りたいときに兄弟の同意が必要ですし、「換価分割」では、兄の住居がなくなってしまうばかりか、不動産の売却金額に税金がかかってしまいます。また「代償分割」では、兄の代償金の負担が生じてしまいますので、どの分割方法にするのか、生前対策も含めて、専門家に相談しておくことをお勧めします。

第 3 章

今、あなたがすべきことはコレだ！相続発生前、発生後の不安を一挙解決！

POINT 1

相続発生前の対策がイチバン！

最近相続税の改制が話題になり、小規模宅地等の特例の適用厳格化など、相続税をめぐる環境はますます厳しくなった。納税者にとって唯一ともいえる税制緩和は贈与税のみ…

いい勉強になりましたよ
お疲れさまでした

パパのときはあわてないようにしないと
縁起でもない。やめろよ

いえ、生前の贈与は節税になりますよ
えっ、じゃあこづかい増やしてよ

大吉にはないぞ！

76

贈与税は相続税より重い負担だけど…

相続税は亡くなった方の財産を受け取った人に対する税金ですが、贈与税は生前に現金や不動産などを無償で譲り受けた人が支払う税金です。どちらも最高税率は50％ですが、適用される財産額や基礎控除額がまったく違います。

85ページの速算表でもわかるように、相続税の最高税率が適用される財産が3億円超に対して、贈与税は1000万円超。最低税率の10％でも相続税が1000万円以下に対して、贈与税は200万円以下となります。

また、基礎控除も相続税が5000万円+1000万円×法定相続人に対して、贈与税は110万円しかありません。

このように相続税と贈与税では大きな差があり、生前贈与は一定の条件を満たしていないと認められないケースも多く、安易な贈与は、逆に多額の税金を負担することもありますので、注意が必要です。110万円の基礎控除を利用し、数回に渡って贈与を行えば、相続財産自体を減らせることも見逃せません。

相続時精算課税制度とは？

親の生前に相続財産を贈与した場合に、特別控除額2500万円を超えた金額に一律20％の贈与税を納付し、贈与者の相続時にその贈与財産の価額を課税価格に合計し、相続税額を計算し、既に納付した贈与税相当額を控除する仕組みです。

この制度に財産の種類や金額、贈与の回数に制限はありませんので、数年に渡り分割して贈与することも可能です。

なお、平成24年税制改正において、相続時精算課税贈与の住宅取得等資金贈与の特例の適用期限が、平成26年12月31日まで3年延長される予定です。

ただし、この制度の適用対象は65歳以上の親（相

続時精算課税贈与の住宅取得等資金贈与の特例は年齢制限なし）から、20歳以上の子または孫への贈与（年齢は贈与年の1月1日時点）となり、相続時に、その贈与された財産を足した金額に相続税さされます。また、従来の贈与税との選択制ですので、税務署へ所定の届出を行わなければなりません。

ただし、この制度を選択した場合、毎年110万円までの基礎控除のある暦年贈与には戻れませんので、慎重に検討する必要があります。

相続時精算課税制度を有効活用するには、将来価値の上るであろう土地や株式などの資産を贈与することです。相続税の財産評価は相続が開始した日の時価であるのに対して、この制度を利用した場合は贈与時の価格が基準となります。

つまり、その贈与された資産が値上がりすれば、その分だけ相続税の節税となります。

また、賃貸マンションやアパートのような収益を生む財産であれば、固定資産税評価が基本となり、家賃収入などで将来の相続税の納税資金も見込めま

す。

しかし、贈与した財産の価値が下がったり、万一、子が親より先に亡くなったりした場合は不利になる場合もあることを頭に入れておきましょう。

また、相続財産が少なく、基礎控除内である場合には大変有効な制度ですが、逆に多額の相続財産がある人には適していません。

直系尊属から住宅取得等資金の贈与を受けた場合の贈与税の非課税措置

平成21年分から500万円で創設された「直系尊属から住宅取得資金の贈与を受けた場合の贈与税の非課税措置」は、非課税限度額が平成22年分は1500万円に、平成23年分は1000万円に拡大されていました。

平成24年税制改正において、この制度の非課税限度額等を改訂の上3年間延長されることとなっております。

ワンポイント 相続税が基礎控除内の財産であれば、相続時精算課税制度は特に有効です。

相続時精算課税のメリット、デメリット

メリット	● 2500万円の特別控除で、一度にまとまった金額の贈与ができる ● 早期に財産を移転でき、次代のものが計画的な財産活用ができる ● 将来値上がりしそうな財産贈与は有利　　など
デメリット	● いったんこの制度を選択すると、途中変更はできない。途中で110万円の基礎控除も使えない ● 生前贈与しても、直接の相続財産減少にはならず、税金も変わらない ● 値下がりした財産も、贈与時の時価で納税しなくてはならない　　など

この制度は、非課税の特例のため相続発生時において贈与を受けた資金を相続財産に加算することなく、相続財産を減らすことが可能ですので積極的に活用されることをお勧めします。

生前贈与にも相続税がかかる?

相続開始前3年以内に贈与された財産は、相続財産とみなされ、相続税がかかります。

しかし、支払った贈与税は相続税から引かれます（贈与税額控除）ので、二重に納めることはありません。

また、税務調査で最も指摘の多いのも生前贈与といわれていますので、自分勝手な安易な贈与は禁物です。

やはり専門家（税理士）に相談して行いましょう。

住宅取得等資金 非課税特例制度				暦年贈与
直系尊属 （年齢制限なし）				親族ほか第三者からの 贈与を含む
その年1月1日現在20歳以上の直系卑属 （合計所得金額2,000万円以下の者に限る）				意思の表明可能な人 年齢制限なし
住宅の区分	平成24年	平成25年	平成26年	基礎控除（毎年） 年110万円
一般住宅用家屋	1,000万円	700万円	500万円	
省エネルギー性・耐震性を備えた良質な住宅用家屋	1,500万円	1,200万円	1,000万円	
3月15日までに申告				贈与を受けた年の翌年 3月15日までに申告 （基礎控除を超える場合のみ）
超えた部分について、相続時精算課税 あるいは暦年贈与で課税				超過累進税率 （10%～50%）
非課税の特例のため 相続財産への加算はなし				贈与時から3年以内に相続が発生すると贈与財産を加算して相続税が課される（法定相続人が対象）
なし				なし
240㎡以下（東日本大震災の被災者は上限なし）				
平成24年1月1日から 平成26年12月31日までの贈与				なし

※平成24年度税制改正を前提としています。

相続時精算課税制度、住宅取得資金非課税特例制度および暦年贈与の比較表

	相続時精算課税制度	
	一般枠	住宅取得等資金
贈与者	その年1月1日現在65歳以上の父母	父または母（年齢制限なし）
受贈者	その年1月1日現在20歳以上の直系卑属である推定相続人（子・代襲相続人・養子を含む。）	
控除額（非課税枠）	特別控除 2,500万円	
選択手続	贈与を受けた年の翌年	
税率	制度選択後の贈与を累積して、累積額から特別控除後一律20％課税	
相続発生時の相続財産への加算	贈与財産を贈与時の価額で相続財産に加算（既に納付した贈与税額は控除または還付）	
特別控除の複数適用	父母、養父母からそれぞれ可能	
適用対象住宅用家屋の床面積		制限なし
適用期限	なし	平成26年12月31日までの贈与

（出典）TKC全国会中央研修所編著『平成24年度税制改正研修会テキスト』より作成

POINT 2

賢い生前贈与はこれだ！

贈与するなら不動産が一番。配偶者への居住用不動産、または居住用不動産取得のための金銭の贈与なら、110万円の基礎控除に加え、2000万円まで控除ができる特例もある。

贈与なら配偶者控除も検討したいですね

配偶者控除？

不動産を奥さまへ贈与すると、最高2110万円まで税金がかからない制度です

それなら、この家を私に頂戴よ

いろいろ節税対策を考えてみましょう

82

贈与税の配偶者控除を利用しよう

配偶者への居住用の不動産、または居住用の不動産を購入するための金銭の贈与は、最高2000万円まで贈与税の課税価格が控除される制度です。110万円の基礎控除を加えれば、2110万円まで、その年の贈与税はかかりません。

いわゆる「おしどり贈与」とも言われる制度で、相続開始前3年以内の贈与でも、相続税の対象になりません。ただし、この配偶者控除には次の適用条件があります。

- 婚姻期間が20年以上の夫婦間での贈与
- 贈与財産が居住用不動産、または居住用不動産購入のための資金であること
- 贈与を受けた年の翌年の3月15日までに居住の用に供し、その後も引き続き住む予定であること

また、この贈与税の配偶者控除を適用して、贈与された土地・建物を将来売却する場合には、譲渡所得から3000万円の特別控除を受けることができます。

この控除の適用には、贈与税の申告が必要です。また、同じ配偶者の間で一度だけ適用を受けられる制度であることもお忘れなく。

贈与するなら、「現金」よりも断然「不動産」

現金を贈与された場合、その金額から基礎控除額をひいた額に対して贈与税がかかりますが、不動産であれば、評価価格が下がる場合が多く、その価格に贈与税がかかります。

一般的に、家屋は固定資産税評価額として建築費の約30〜70％、土地は路線価や固定資産税評価額での評価額は実勢価額の約70〜80％ですので、よほどの土地の高騰さえなければ、節税にはもっとも有効

です。

中小企業のオーナー社長なら自社株の生前贈与を

中小企業のオーナー社長自らが大株主となっているケースは少なくありません。自社株式が高額な場合には、保有する自社株は換金することもできず、さらに多額の相続税がかかってきます。

しかし中小企業が相続や事業承継での税負担を軽減させるため、自社株にかかる贈与税の納税猶予として事業承継税制制度があります。ある一定の条件を満たすことで、自社株を後継者に最大で発行株式の3分の2まで贈与して、それに対応する贈与税の金額の納税が猶予されます。

ただし、その要件を守れなかったり、納税猶予後5年間事業を継続できなかった場合、その猶予はなくなり、税額全額に利子税を加えて支払わなければなりません。

子どもの相続税を母親が払ったら、贈与税の対象になる

子どもが学生で収入もないとき、当然多額の相続税を支払うことはできません。その子どもの相続税を母親が立て替えて支払うことがありますが、そのお金は母親から子どもへの贈与税の対象となってしまいます。さらに贈与税の申告もしなければ、無申告加算税や延滞税など、ペナルティー課税が待っています。

このような場合は、たとえ親子であっても、子どもが母親からお金を借りたいという証拠(金銭消費貸借契約書)を残しておきます。借りたお金であっても、子供が相続税を直接納税することに替わりはありませんので、贈与税の課税対象にはなりません。

贈与税の時効は6年。悪質な場合は7年です。税務調査で、思わぬ申告漏れを指摘されないように、生前贈与は慎重にきちんと行いましょう。

ワンポイント だれが手続きの主体になるか、相続人代表を決めておこう。

贈与税の計算と税率（暦年課税）

基礎控除後の課税価格	税率	控除額
200万円以下	10%	—
300万円以下	15%	10万円
400万円以下	20%	25万円
600万円以下	30%	65万円
1,000万円以下	40%	125万円
1,000万円超	50%	225万円

　贈与税の計算は、まず、その年の1月1日から12月31日までの1年間に贈与によりもらった財産の価額を合計します。
　続いて、その合計額から基礎控除額110万円を差し引きます。
　次に、その残りの金額に税率を乗じて税額を計算します。
　ここでは計算に便利な速算表を掲載します。
　速算表の利用に当たっては基礎控除額の110万円を差し引いた後の金額を当てはめて計算してください。それにより贈与税額が分かります。

例　贈与財産の価額の合計が400万円の場合

　基礎控除後の課税価格　400万円−110万円＝290万円
　贈与税額の計算　290万円×15%−10万円＝33.5万円

POINT 3

節税の王道は、やっぱり「土地・建物」

圧倒的な節税効果を期待できる土地・建物。不動産の活用で、こんなに差が出る相続税。絶対に損しない相続対策を実践しよう！

節税には不動産活用が絶対ですよ

不動産といっても、あるのはこの家と裏の空き地くらいですよ

駐車場かアパートでも建てたら？

かなりカネがかかるぞ

節税対策と息子さんへの二次相続も考えてみましょう

86

不動産のココだけは押さえておこう

日本の相続財産の約半分は不動産が占めています。

不動産は評価額も大きいため、相続税も不動産によって大きく変わります。

また、不動産は使用目的に応じて、評価額も変わりますので、よりよい節税を見極めるため、最低限の知識は持っておきましょう。

まず土地の価格には次の4つがあります。

① 実勢価格（実際に取引されている価格）
② 公示価格（国土交通省が公表）
③ 路線価（国税庁が公表）
④ 固定資産税評価額（市町村が公表）

相続税における土地の評価は主に③の路線価方式で行いますが、路線価の設定のない土地（山林や農地など）は④の固定資産税評価額に一定の評価倍率を乗じた倍率方式で計算されます。

路線価図や評価倍率は税務署や国税庁のホームページでも閲覧できます。

路線価方式による土地評価額＝

　　　路線価×各種補正率×面積

倍率方式による土地評価額＝

　　　固定資産税評価額×評価倍率

ここで求められた評価額が基準となりますが、土地は決してきれいな正方形ではなく、個々の形状、環境など千差万別ですので、さまざまな補正率が定められ、特例の適用など事情に応じて減額し、適正な評価額を計算します。

一般的には、路線価は公示価格の8割、固定資産税評価額は公示価格の7割が目安とされています。ちなみに高層マンションなどでは、低層階物件より高層階物件の方が実勢価格は高額ですが、相続税評価額では関係なく、面積が同じであれば評価額も

同じです。

また、路線価方式や倍率方式での評価は絶対ではありません。土地の計測誤差があったり、環境変化によって、減額の可能性が高い土地であれば、評価額も半減できる場合もあります。

このようなケースでは、不動産鑑定士による鑑定評価や土地家屋調査士に測量を依頼し、正確な評価を行いましょう。

小規模宅地等の特例

平成22年度の税制改正によって、相続人等が相続税の申告期限までに、事業または居住を継続しない宅地等（改正前は200㎡まで50％減額）が適用対象から除外されるなど、小規模宅地等の特例が縮小されてはいますが、何といっても最大80％の評価減の「小規模宅地等の特例」（90ページ）は大変魅力です。

たとえば、評価額1億円の土地の場合、一定の要件を満たし、この特例が適用されれば、評価額2000万円となり、ほかの相続財産を加えても基礎控除内であれば、税金はかかりません。この特例を適用するための主な対策を紹介します。

● **特定居住用宅地等の特例**

240㎡まで80％の評価減を適用するには、相続する親族が生前から同居しておくか、生計を一としておきましょう。たとえば父が亡くなった日の翌日から10ヵ月（相続税の申告期限）まで、自宅を保有し住み続ける必要があります。

また、相続する子どもが、持ち家を処分して、いわゆる「家なき子」になる方法もあります。自宅を保有せず、借家暮らしであること。そして相続開始前3年間は「家なき子」状態でなければなりません。「家なき子」も相続税の申告期限まで、保有することが条件です。いずれも申告期限後であれば、家を出ても、売却してもかまいません。

88

ワンポイント 配偶者は、法定相続割合あるいは一億六〇〇〇万円まで特例で控除。ただし、二次相続まで考えておくべし。

240㎡と面積に上限があるため、広大な土地を所有しているのであれば、生前にそれを売却し、路線価の高い土地に引っ越すことも対策のひとつです。240㎡以下の土地に引っ越せば、すべてが80％の評価減となり、この特例を最大限に活用できます。

200㎡まで50％の評価減の適用であれば、生前に自宅を賃貸として貸し出す方法もあります。この方法だと貸家扱いとなり、評価減は50％になりますが、家賃収入というメリットが生じます。

● **特定事業用宅地等の特例**

自営業者が店舗や工場として所有していた土地も、一定の要件を満たすことで、400㎡まで、80％の評価減となります。事業を受け継ぐ親族がいる場合に限られますが、相続税の申告期限までに事業を引き継ぎ、その事業を継続すること、その土地を保有することが条件になります。

ただし、駐車場などの不動産貸付用宅地は、貸付事業用宅地等の特例となり、200㎡まで50％の評価減となります。

● **特定同族会社事業用宅地等の特例**

亡くなった人と、その親族の持ち株比率が50％以上の同族会社の事業用に貸していた土地も、400㎡まで80％の評価減の特例があります。

この特例の適用にも、その同族会社の事業（不動産貸付業等を除く）用に使用し、同族会社の役員である親族が、相続税の申告期限まで保有することが条件になります。なお、「特定同族会社の事業」には不動産貸付業等は含まれません。

対策とはいえ、無理な対策もありますので、家庭環境や個々の事情、適用要件に合った対策を考えましょう。いずれにしても、土地は遊ばせておくと、まったく節税にはならないということです。

特例の適用要件	
取得者	取得者ごとの要件
被相続人の配偶者	要件はなし
被相続人と同居していた親族	相続開始の時から相続税の申告期限まで、引き続きその家屋に居住し、かつ、その宅地等を有している人
被相続人と同居していない親族＝家なし親族	被相続人の配偶者または相続開始の直前において被相続人と同居していた一定の親族がいない場合において、被相続人の親族で、相続開始前3年以内に日本国内にある自己または自己の配偶者の所有に係る家屋（相続開始の直前において被相続人の居住の用に供されていた家屋を除く。）に居住したことがなく、かつ、相続開始の時から相続税の申告期限までその宅地等を有している人（相続開始の時に日本国内住所がなく、かつ、日本国籍を有していない人は除く。）
被相続人の配偶者	要件はなし
被相続人と生計を一にしていた親族	相続開始の直前から相続税の申告期限まで、引き続きその家屋に居住し、かつ、その宅地等を有している人
事業承継要件	その宅地等の上で営まれていた被相続人の事業を相続税の申告期限までに承継し、かつ、その申告期限までその事業を営んでいること
保有継続要件	その宅地等を相続税の申告期限まで有していること
事業承継要件	相続開始の直前から相続税の申告期限まで、その宅地等の上で事業を営んでいること
保有継続要件	その宅地等を相続税の申告期限まで有していること
法人役員要件	相続税の申告期限においてその法人の役員であること
保有継続要件	その宅地等を相続税の申告期限まで有していること
事業承継要件	その宅地等に係る被相続人の貸付事業を相続税の申告期限までに承継し、かつ、その申告期限までその貸付事業を行っていること
保有継続要件	その宅地等を相続税の申告期限まで有していること
事業承継要件	相続開始の直前から相続税の申告期限まで、その宅地等に係る貸付事業を行っていること
保有継続要件	その宅地等を相続税の申告期限まで有していること

小規模宅地特例の適用要件等

小規模宅地等の区分		適用対象限度面積	減額割合	区分
特定居住用宅地等		240㎡	80%	被相続人の居住のように供されていた宅地等
特定居住用宅地等		240㎡	80%	被相続人と生計を一にする被相続人の親族の居住の用に供されていた宅地等
特定事業用宅地等	特定事業用宅地等	400㎡	80%	被相続人の事業（不動産貸付業等を除く）の用に供されていた宅地等
特定事業用宅地等	特定事業用宅地等	400㎡	80%	被相続人と生計を一にしていた被相続人の親族の事業（不動産貸付業等を除く）の用に供されていた宅地等
特定事業用宅地等	特定同族会社事業用宅地等	400㎡	80%	特定同族会社の事業（不動産貸付業等を除く）の用に供されていた宅地等
貸付事業用宅地等		200㎡	50%	被相続人の貸付事業の用に供されていた宅地等
貸付事業用宅地等		200㎡	50%	被相続人と生計を一にしていた被相続人の親族の貸付事業の用に供されていた宅地等

最近では、住宅地や街中で一時的な小さなコインパーキングを多く見かけます。まさにこの特例を活用した対策です。

しかし、安易に「駐車場にでもしておこう」と考えないでください。この特例の対象と認められる駐車場は、一定の建物または構築物の敷地の用に供されていることおよび相当の対価を得て継続的に行うものであることが条件とされています。

少なくともアスファルトやコンクリートが敷かれ、あるいは屋根付きの建造物がないと認められないケースが多々あります。

また、たとえば、有償で貸し付けていても、その対価の金額がその土地の固定資産税程度以下であれば、この特例の適用対象にはなりません。簡単に始められるといったメリットはありますが、収益性も低く、土地の評価減も50％です。初期費用はかかりますが、収益性の高い賃貸マンションやアパートを建てることで、貸家建付地となり、評価額は大幅に減額され、さらに家賃収入も得ることができます。

不動産の購入で節税対策

「カネをモノに換える」ことが、財産の評価減になることは、もうご存知かと思います。

現金であれば、そのままの評価額ですが、土地や建物を購入することで、大幅な評価減が可能です。多額の現金の相続が予測される方は、不動産の購入で土地を有効活用することで、相続税の大幅節税に繋がります。

購入した土地に賃貸マンションやアパートを建て、家賃収入を得ることや、その不動産を子供に贈与して、財産の増加を防ぐなど、節税にはさまざまな制度や特例の組み合わせが考えられます。

また、こうした制度は年々改正されるケースも少なくありませんので、新聞や国税庁のホームページで事前にチェックしておくことが大切です。

ワンポイント 銀行口座の相続手続きでは、振替口座を相続人代表の口座に絞るほうが効率的。

貸家建付地にして評価額減と家賃収入を得る

土地の有効利用は、代表的な相続対策です。自己所有の土地にアパートやマンションを建て、賃貸として貸し出すことで、家賃収入に加え、貸家建付地として土地の評価減が可能です。建物の30％の評価減、土地は94ページの算式に当てはめて計算します。

借地権割合は地域によって異なりますが、東京、大阪の一部の地域が若干高く、その他は一般的に30％です。この割合は、国税庁のホームページで確認できます。

また空室が多いと評価減の割合も少なくなりますので、不動産会社の一括借り上げを利用するなど、できる限り満室になるよう努力も必要です。また、小規模宅地等の特例も検討してみましょう。

相続した不動産を売るなら3年以内

相続した財産が不動産だけで、現金がなく、相続税が支払えないというケースもよくあります。仕方なく相続した不動産を売却して相続税の資金に当てる場合、その売却時に譲渡税まで課せられてしまい、まさにダブルパンチです。

しかし、ご安心を。相続税の取得費加算の特例という制度によって、二重の課税を防止してくれる制度があります。

この特例は、相続税の申告期限の翌日から3年以内であれば、土地の相続税額分を土地の取得費として認めるという制度で、相続税を納税していることが条件になります。

なお、取得費に加算される相続税は、譲渡した資産の譲渡益を上限とします。

借地権・貸宅地・貸家建付地の評価方法

一般定期借地権の目的となっている宅地の評価

地域区分 （路線価図）		借地権割合	底地割合
地域区分	C	70%	55%
	D	60%	60%
	E	50%	65%
	F	40%	70%
	G	30%	75%

※Aの地域、Bの地域及び「借地権の慣行なし」の地域については財産評価基本通達の方法による

借家権割合

30%

▶借地権の評価方法

借地権の評価額 ＝ 自用地の評価額 × 借地権割合

▶貸宅地の評価方法

貸宅地の評価額 ＝ 自用地の評価額 × (1 − 借地権割合)

▶貸家建付地の評価方法

貸家建付地の評価額 ＝ 自用地の評価額 × (1 − 借地権割合 × 借家権割合 × 賃貸割合)

家屋・貸家（アパート、マンション）などの評価方法

▶居住用・事業用の家屋の評価

評価額 ＝ 固定資産税評価額 × 1

▶建築中の家屋の評価

評価額 ＝ 費用現価 × 70%

▶構築物の評価

評価額 ＝（再建築価額 － 償却費累額）× 70%

▶貸家の評価

評価額 ＝ 家屋の評価額 ×（1－ 借家権割合 × 賃貸割合）

▶住宅を兼ねた貸家の評価（貸家部分と自用部分とに分けて考える）

1 貸家部分の評価額 ＝ 固定資産税評価額 × 貸家部分の床面積／建物全体の床面積 ×（1－ 借家権割合 × 賃貸割合）

2 自用部分の評価額 ＝ 固定資産税評価額 × 自用部分の床面積／建物全体の床面積

建物全体の評価額 ＝ ①貸家部分の評価額 ＋ ②自用部分の評価額

POINT 4

相続税が払えない！延納・物納制度とは？

相続税は現金の一括納付が原則。しかし、一括で納めることが困難な人には延納制度。それでも現金支払いが困難な人は相続した現物を納める物納制度がある。

相続税が払えない人も多いんですよ

相続財産が不動産しかないんですよ

えっ、どうしてですか？

家とか取られちゃうのかしら…

いえ、延納や物納もできますから

96

相続税を支払えない場合は?

相続税の納付期限は申告期限と同じで、相続開始日の翌日から10ヵ月以内で、現金での一括納付が原則です。

しかし、相続財産は不動産が多く、手元の現金が不足し、相続税が支払えない場合もあります。こうした納税困難な人に「延納」と「物納」の制度が設けられています。

延納制度とは?

相続税を現金で一括納付が困難な人に、相続税を分割して納付できる制度で、延納期限は原則5年（相続財産の不動産割合が大きい場合は最高20年）です。この制度が認められるのは、次の条件を満たさなければなりません。

- 相続税額が10万円を超えること
- 現金で納められない事由がある
- 原則として担保を提供する
- 相続税の納付期限までに延納申請書などを提出する

また、延納期間には利息もかかり、担保は国債、公社債、土地、建物など、担保価値のあるものであれば、相続財産でなくてもかまいません。

物納制度とは?

延納でも支払いが困難な場合には、相続税を現金ではなく、有価証券や不動産などの資産で支払う方法です。延納同様に次の条件を満たさなければなりません。

- 延納でも現金で納付できない事由がある
- 現金で納付することが困難な相続税額である
- 物納できる財産であること

相続税の延納期間と利子税

区分		延納期間（最高）	利子税（年割合）
不動産等の割合が75％以上の場合	1. 不動産等に対応する税額	20年	3.6％
	2. 動産等に対応する税額	10年	5.4％
不動産等の割合が50％以上75％未満の場合	3. 不動産等に対応する税額	15年	3.6％
	4. 動産等に対応する税額	10年	5.4％
不動産等の割合が50％未満の場合	5. 立木に対応する税額	5年	4.8％
	6. 立木以外の財産に対応する税額		6.0％

（出典）国税庁HPより

● 相続税の納付期限までに物納申請書などを提出する

物納には処分しやすい財産であることが必要で、国債、地方債、不動産、社債、株式、動産（自動車など）といった順で、優先順位も設けられています。また、抵当権が設定されている不動産などは、物納不適格財産として、物納はできません。市街化調整区域内の不動産なども、物納劣後財産とされ、他に物納財産がある場合は認められません。

相続財産の物納は、原則として相続税の課税価格になりますので、売却した場合、有利不利なケースがあります。たとえば、小規模宅地等の特例を適用された不動産は、適用後の価額になりますので、評価減での物納となってしまいます。

物納申請後に延納が可能となった場合は、一定の要件を満たすことで、延納に変更することが可能です。なお、物納の手続きの流れを左ページの図にまとめました。

> **ワンポイント**
> 連帯保証人契約は借金と同じ。だれかの連帯保証人になっていないか調べよう。可能性があれば、限定承認や放棄の検討をしよう。

物納手続の流れ

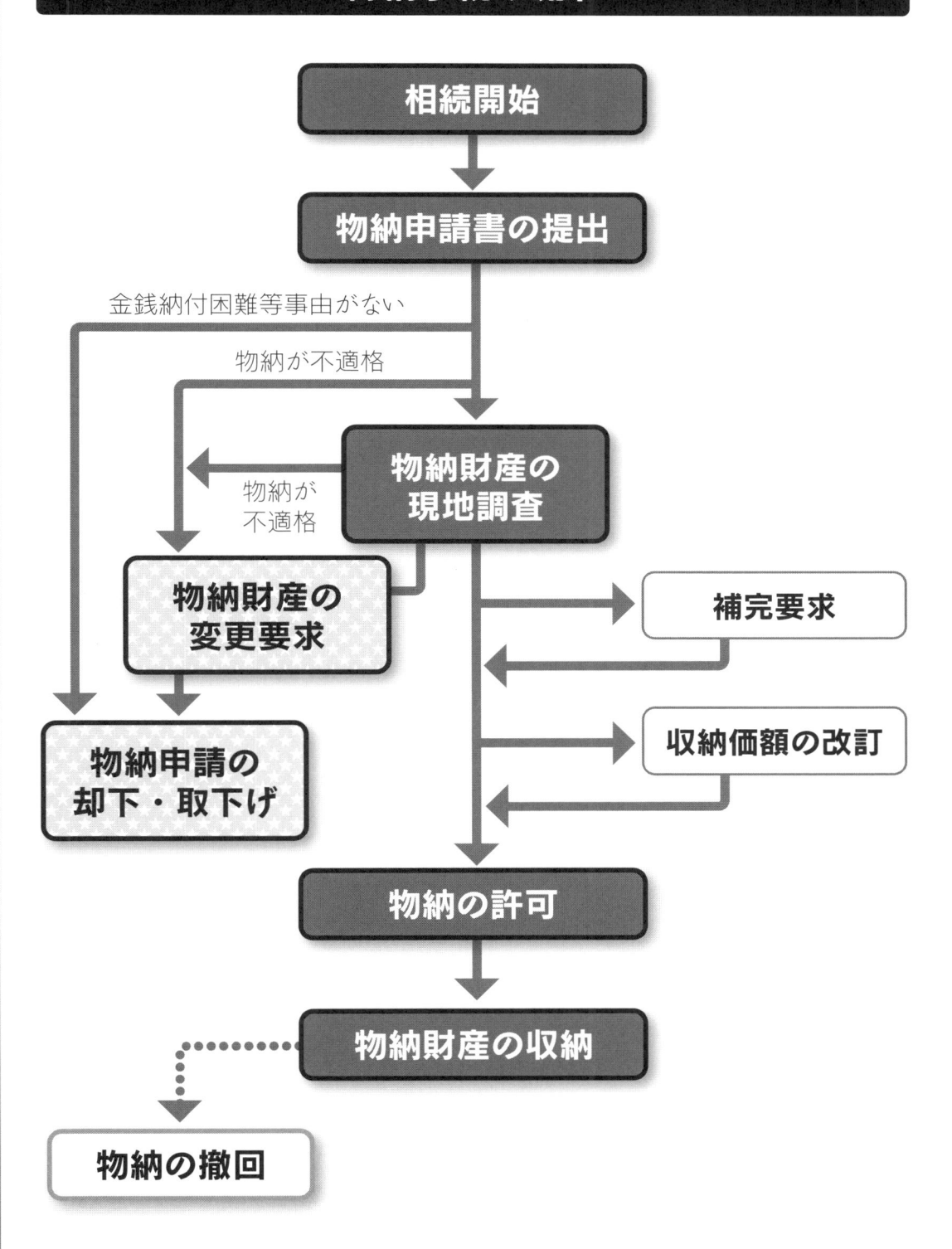

```
        相続開始
           ↓
       物納申請書の提出
           ↓
   ←── 金銭納付困難等事由がない
   ←── 物納が不適格
           ↓
       物納財産の現地調査 ──→ 補完要求
       ↓       ↑              ↓
  物納が不適格  └──────────────┘
       ↓                    ↑
   物納財産の          収納価額の改訂
   変更要求               ↑
       ↓                  │
   物納申請の          ────┘
   却下・取下げ            ↓
                       物納の許可
                          ↓
                      物納財産の収納
                          ┊
                          ↓
                      物納の撤回
```

第3章 今、あなたがすべきことはコレだ！ 相続発生前、発生後の不安を一挙解決！

第 **4** 章

だれに相談したらいいの？失敗しない専門家選びと税務調査

POINT 1

相続のことはだれに相談するのがベストか

相続の専門家って税理士？弁護士？会計事務所、税理士事務所、税理士法人……。いったいだれに相談したらいいんだ？

> 専門家に相談してよかったわ！

> あぁ、助かったよ

> 税理士にも得意分野があるみたいだよ

> 餅は餅屋っていうことね

102

税理士選びも相続対策のひとつ

相続にはカネ・モノ・ヒトがつきものです。人が亡くなると医師から死亡診断書をもらい、葬儀、火葬、埋葬と葬儀社にお世話になり、そして霊園や墓地の準備、数々の届出、手続きと多忙な日々を過ごすことになります。

なかでも相続は、カネ・モノ・ヒトがもっとも複雑に関連し、すべての手続きに期限が決められています。一般の人にとって、一生に一度か二度しか経験しない相続は、やはり専門家に依頼し、最適な相続の方法を見つけるべきでしょう。

では、なにをだれに相談したらいいのでしょう？一般的には次の通りです。

- 相続税について……税理士
- 不動産登記について……司法書士
- 遺産分割などの争い……弁護士
- 不動産の評価について……不動産鑑定士
- 不動産の測量について……土地家屋調査士、測量士
- 遺言の作成保管……公証人、弁護士、行政書士など

それぞれの専門家に依頼するのは大変です。相続は一連の流れで、相互関係を理解できてないと進められません。よきアドバイザーであり、よきコントローラーであり、よきパートナーになり得る専門家は、相続の発生前（事前対策）から相続税の申告納税まで幅広く対応できるのは税理士でしょう。

また、相続に携わる税理士は、他の専門家とのネットワークがある場合が多いので、その税理士に依頼するだけで、弁護士や不動産鑑定士などの専門家とのチームワークで対応してもらえます。

頼れる税理士、ダメな税理士

税理士といっても専門分野や得意分野があります。

税理士ならだれでも相続の専門家ということはありません。「おつき合いのある税理士だから」「銀行から紹介された税理士だから」だけで決めるのは危険です。依頼する税理士によっては、支払う相続税が数千万円も差が出る場合もあるのです。

相続に精通し、相続財産に占める割合のもっとも多い不動産に詳しく、実際の相続税の申告件数が多い税理士を選びましょう。

しかし、日本全国に7万人以上いる税理士のなかから選ぶことは困難です。インターネットで「税理士」で検索しても数万件ヒットしてしまいます。まずは身近なところで、実際に相続を経験された方の紹介（口コミ）は有力な候補になります。

また、相続を行う地域に事務所のある税理士も候補になります。地の利もあり、その土地に詳しく、すぐに駆けつけてくれる税理士になるからです。

人からの紹介や自分で調べて候補となった税理士には、直接会って相談し、その際に、次の点を聞いておきましょう。

□ 相続は得意分野か？（実績件数）
□ 不動産に詳しいか？
□ 他の専門家とのネットワークがあるか？
□ 報酬（費用）いくらか？

聞きづらい内容かもしれませんが、この選択によって、数千万円の差が出る場合もあるのです。大切な方が残してくれた財産を大切に考え、よりよい税理士を選びましょう。複数の税理士から見積りを取ってもかまいません。

また、電話やメールで聞くのではなく、できれば直接会って相談してみましょう。

守秘義務のある税理士とはいえ、自分や家族や親族の財産や関係を打ち明かすわけですから、やはり人と人のつながりを考え、人柄や相性も重要な要素です。

ワンポイント 相続人は免許証、実印、印鑑証明は必須です。

税理士が見つかったら…

なにをどこまでやってくれるのか、報酬（費用）はいくらなのか、いつ支払うのか、などの詳しい条件に納得ができたら、依頼（契約）は早めに行いましょう。

生前から依頼する場合と、相続が発生してからのタイミングがありますが、多くの期限付き手続きがあるだけでなく、たとえば、お葬式やお墓などの費用は、相続税の控除科目です。お葬式にかかった費用の領収書を無くしてしまったり、なにが財産なのかも、知らなかったでは済まされません。事前にアドバイスを受けておくことが大切なのです。

また、家庭環境や親族との関係など、あまり人には話したくない内容もあるかと思いますが、依頼した税理士には、包み隠さず正確に話しましょう。相続のプロである税理士は、これまでの経験や知識から、最善の方法をアドバイスしてくれます。

税理士はどこにいるの？

ところで、税理士は独立して事務所を開業している税理士と勤務税理士がいます。

一般的には、○○会計事務所、○○税理士事務所、○○税務会計事務所と、事務所名はさまざまですが、総称して「会計事務所」といっています。

また、複数の税理士がパートナーとなり、法人化した「税理士法人」という組織もあります。税理士はこうした事務所、法人に属しています。

POINT 2

税務署は恐い？ 税務調査の対処法

映画やドラマでみる税務署は恐い存在。マルサ（国税局査察部）が来たらどうしよう……。税理士は守ってくれるのか？

- ウチにも税務署が来るのかしら
- 3割くらいは税務調査が入るらしいよ
- マルサは恐そうだね
- 悪いことしてるわけじゃないし、心配するな

税務調査に備えよう

マルサ（国税局査察部）や税務署の調査は恐いイメージがあります。突然家に来て、机やタンスを全部開けられ、あらゆるところを調べられ、隠し財産を発見されるような…。実際は突然税務署が来ることは稀なケースで、事前に本人か担当した税理士に連絡してきます。

しかし、数ある税法（法人税や所得税など）と比べても、相続税の税務調査はもっとも多く、約3割の確率で税務調査が行われるといわれています。

また、その時期も相続税の申告後、1、2年のうちが大半です。そして税務調査が行われると、ほとんどの場合、申告漏れを指摘されるようです。

相続税の申告・納税が終わったからといっても、安心はできません。税務署は、申告後から調査が開始されるのです。そこで生前の現金、預貯金から、生前贈与、不動産などをチェックし、不審な点があれば、税務調査となりますので、申告書を始め、これまでの手続き、届出書類や預金通帳などは、決して処分したりせず、大切に保管しておいてください。

また、申告後に新たな財産を発見した場合も、修正申告が必要な場合もありますので、すぐに税理士へ連絡してください。

税務調査は税理士立会いの元で

税理士に相続を依頼すると、相続人の承諾の元で、その税理士が税務代理の届出をしていますので、税務署からは、その担当税理士にまず連絡が入ります。そこで日程調整をし、税務調査が行われます。

通常は申告をした担当税理士が立ち会います。税務署の調査官は、あらゆる角度から質問、調査を行いますが、申告時に税理士へすべての財産を正確に開示しているのであれば、正々堂々と臨みましょう。

また、税務署が絶対ということはなく、実際に裁判で、税務署側が敗訴しているケースも少なくありません。

税務署内にある主な資料一覧

① 相続税申告書

② 贈与税申告書

③ 財産（債務）申告書

④ 所得税確定申告書

⑤ 所得税準確定申告書

⑥ 各種税金の納付書

⑦ 支払調書等
　（生命保険・配当・退職金・源泉徴収票・報酬・賞金・契約金・利子・不動産等の売買、貸し付け斡旋手数料、使用料など）

⑧ その他
　（大口の株式、財産、貸金、資産の所有者名簿・高額所得者名簿・固定資産税納税者名簿・競走馬所有者・高級マンション所有者・ゴルフ会員権所有者名簿など）

⑨ 上記の調査資料

⑩ 風評情報等

ワンポイント

遺産をすべて年老いた母にあげたい。気をつけて。息子のあなたが相続放棄すると、あなたの分は、母ではなく、他の親戚にも渡ってしまいます。

税務調査で外部機関に照会される主な資料一覧

①預貯金	金融機関
②有価証券	証券会社、信託銀行　他
③不動産	法務局
④借入金	債権者
⑤貸付金	債務者
⑥生命保険	生命保険会社　他
⑦退職金	退職金の支払い者
⑧租税公課	課税権者

　税務調査はこのような資料のチェックから始められます。被相続人の生前の収入、不動産の売却、有価証券の有無など、さまざまな角度からチェックされます。たとえば、収入に比べて、預金残高が異常に少ない場合、高額なものを所有していないか、子や孫の名義で預貯金をしてないか、どこかに隠し財産がないかなど、資料を外部機関に照会して確認します。
　それでも明確にならない場合、いわゆる臨宅調査（自宅に出向いての調査）が行われます。これが一般的に税務調査といわれるものです。

POINT 3

払い過ぎた税金を取り戻す還付請求とは？

税務調査で申告漏れを指摘されても、払い過ぎは教えてくれません。申告後5年以内なら、払い過ぎた相続税を取り戻すことができます。

- ホントだ！平均300万円以上還付されてるぞ
- 払い過ぎた税金は取り戻せるらしいわ
- ほとんどが土地の評価で変わるのね
- ウチはちゃんと調べてもらったから無理だよ
- ガク…

相続税に疑問を感じたら…

相続税は払い過ぎていても税務署はなにも教えてくれません。

こちらから還付請求をしなければ、払い過ぎた税金は取り戻せません。

しかし実際には、平均300万円以上が還付されているのが現状です。

とくに不動産が関係しているケースが多く、土地の評価を下げることで、相続財産を減らし、払い過ぎた税金を取り戻しているのです。これを更正請求（還付請求）といいます。

この還付請求は、平成23年度税制改正において5年に延長されましたので、もう一度、土地の評価を見直してみる価値はあるかと思います。

最近では、病気になって医者の診断を受けても、他の医者に再度診察してもらうといった「セカンドオピニオン」を望む患者が多いようです。

税理士も同様で、とくに土地の評価には、いろいろな見方やノウハウがありますので、相続税専門の税理士に相談してみてもいいでしょう。

1000万円の評価減で300万円の還付も…

相続税の税率は、超過累進課税といって、相続財産が多いほど税率も上ります。

たとえば、相続財産が1億円以下の税率は30％ですが、3億円以下の税率は40％となり、10％も税率が上ってしまうのです。

もちろん控除額も、それに応じて上りますが、相続財産によって10％は大きな差が出ます。高い税率で申告納税し、土地評価減によって、低い税率が適用されれば、多額の払い過ぎた税金が戻ってくるかもしれません。

ワンポイント 要注意。郵便は相続人に転送してくれません。

準確定申告で税金が戻ることもある

所得税の確定申告は、1月1日から12月31日までの1年間の所得を翌年の2月16日から3月15日までに申告、納税します。

しかし、年の途中で亡くなられた場合、その相続人が、1月1日から亡くなった日までの所得の申告、納税を相続開始日の翌日から4ヵ月以内に行わなければなりません。これを準確定申告といいます。

亡くなった方が、すでに所得税を納めていた場合は、この準確定申告で所得税の還付を受けられる場合があります。

準確定申告が必要な人

- 個人事業を営んでいた
- 2ヵ所以上から給与等の支払いを受けていた
- 年間2000万円以上の給与所得があった
- 不動産所得があった
- 生命保険などの満期受取りがあった
- 一時所得や譲渡所得があった

など

第5章

実践！相続税の計算と申告書の書き方

POINT 1

相続税の算出方法を知る

税理士に任せておけば、複雑な相続税の計算など覚える必要なし。しかし、スムースな相続を進めるために、最低限の知識は知っておこう！

女性: 相続税の計算て難しいわね

（課税額／控除／税率／相続人）

父: 税理士に任せておけば大丈夫だよ

息子: オヤジは知らなさ過ぎだよ

父: 少し勉強しておくか…

女性: そうよ 税理士さんとの打ち合せだってスムーズに進むと思うわ

相続税の算出方法は4ステップ

相続税の計算は複雑で、財産、遺言の有無、遺産分割、債務、控除など、千差万別で、単純に財産に税率をかけるだけではありません。

もちろん税理士に任せておけば、すべての計算をしてくれますが、スムーズな相続を行うためにも、最低限の知識は身につけておきましょう。

相続税は大きく次の4ステップで計算をします。

ステップ① 相続人すべての相続財産から、生前贈与分やみなし相続分を加算して、課税価格の合計（遺産総額）を算出します。

ステップ② ステップ①で算出した課税価格の合計から、基礎控除額をマイナスし、課税される遺産総額（相続税の課税対象額）を計算し、法定相続分通りに相続したと仮定して、相続人各々の相続税額を合計し、相続税総額を算出します。

ステップ③ ステップ②で算出した相続税総額を実際に相続人が取得した財産比率で按分します。

ステップ④ 各相続人に適用される控除を行った額が、納付する相続税額となります。ただし、1親等の血族、配偶者、代襲相続人（1親等の血族以外）のいずれでもない相続人は、相続税額が2割加算されます。

ステップ① 課税価格の合計の算出

各相続人が実際に取得した財産の評価額を計算します。

次に、みなし相続財産から非課税限度額を控除した金額と、3年以内の生前贈与があれば、これも加算します。

さらに、相続時精算課税制度を適用した場合は、その財産評価額も加算します。

この金額から、借金（債務）や葬儀費用、非課税

ワンポイント 相続税が2割増しになる相続人がいる。

相続税計算の流れ：3ステップ、4ステップ

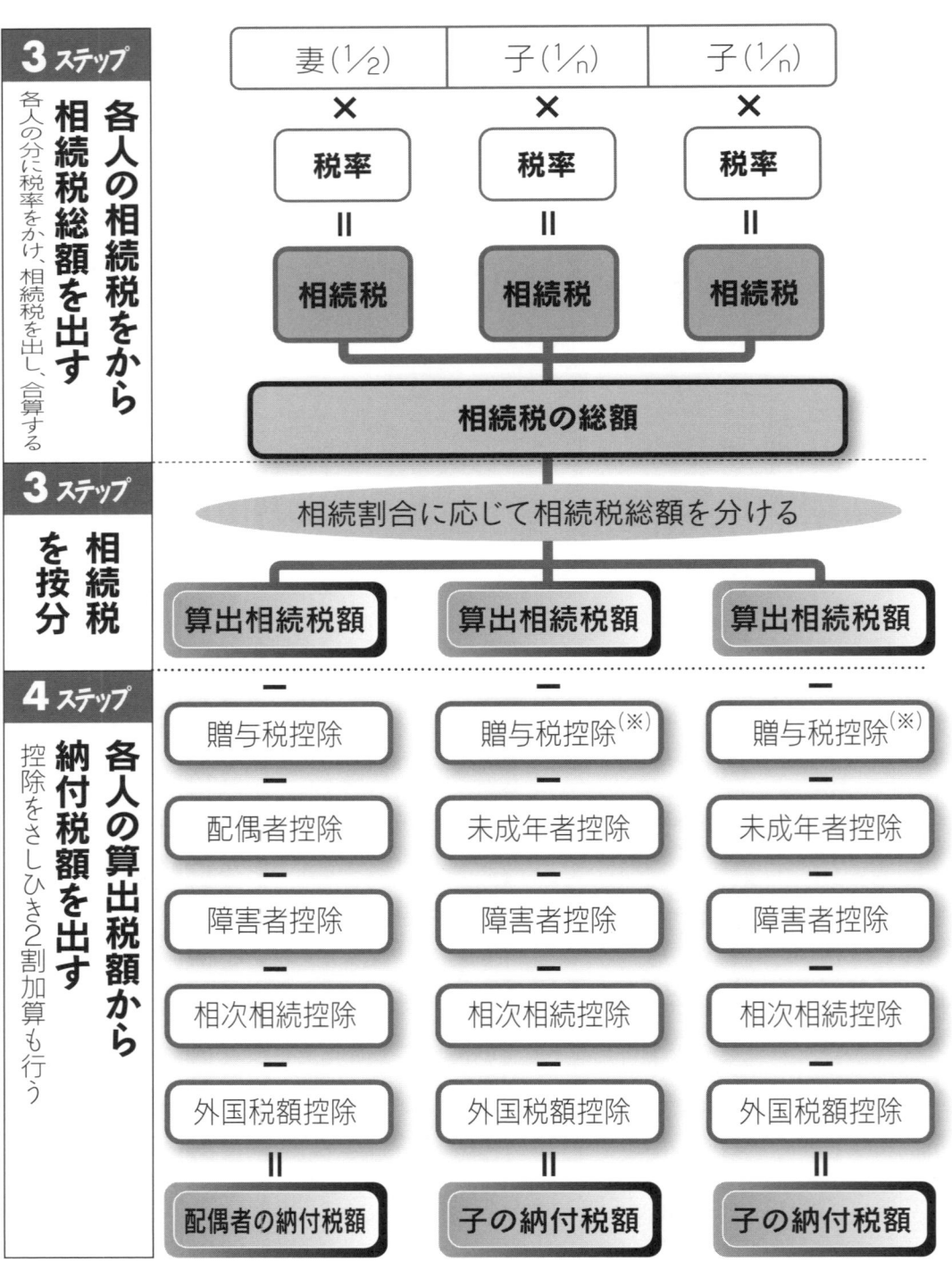

3ステップ 各人の相続税をから相続税総額を出す
各人の分に税率をかけ、相続税を出し、合算する

```
妻(1/2)        子(1/n)        子(1/n)
  ×              ×              ×
 税率           税率           税率
  =              =              =
相続税         相続税         相続税
         └──── 相続税の総額 ────┘
```

3ステップ 相続税を按分

相続割合に応じて相続税総額を分ける

算出相続税額　　算出相続税額　　算出相続税額

4ステップ 各人の算出税額から納付税額を出す
控除をさしひき2割加算も行う

− 贈与税控除	− 贈与税控除(※)	− 贈与税控除(※)
− 配偶者控除	− 未成年者控除	− 未成年者控除
− 障害者控除	− 障害者控除	− 障害者控除
− 相次相続控除	− 相次相続控除	− 相次相続控除
− 外国税額控除	− 外国税額控除	− 外国税額控除
= 配偶者の納付税額	= 子の納付税額	= 子の納付税額

※相続人にその他の血族相続人がいる場合、税の2割加算を行わなくてはならない。
※相続時精算課税適用の場合は、精算課税に係る贈与税。

> **ワンポイント**
> 被相続人が転居していたときは、戸籍の附表も取り寄せておく。

相続税計算の流れ：1ステップ、2ステップ

1ステップ　正味の遺産総額を計算する

相続する財産から各人ごとのプラス・マイナスを加減算し、各人の課税価格を出す

```
配偶者の相続額         子の相続額           子の相続額
    ＋                   ＋                   ＋
みなし相続財産       みなし相続財産        みなし相続財産
    －                   －                   －
債務／葬式費用       債務／葬式費用        債務／葬式費用
    －                   －                   －
 非課税財産           非課税財産            非課税財産
    ＋                   ＋                   ＋
相続開始前3年        相続開始前3年         相続開始前3年
以内の贈与財産       以内の贈与財産(※)    以内の贈与財産(※)
    ＝                   ＝                   ＝
配偶者の課税価格     子の課税価格          子の課税価格
```

2ステップ　課税遺産を計算する

課税価格を合算して基礎控除額を引き、いったん法定相続分で分ける

課税価格の合計額（正味の遺産額）
－
基礎控除額
＝
課税遺産の総額

いったん法定相続分で分ける

配偶者（1/2）　　子（1/n）　　子（1/n）

※相続時精算課税適用の場合は、相続時精算課税贈与財産

財産を差し引いた金額が課税価格です。各相続人ごとに算出した課税価格を合計した金額が「課税価格の合計」となります。

ステップ② 相続税総額の算出

ステップ①で算出した課税価格の合計から、基礎控除額を差し引いた金額を課税遺産が総額となります。

この段階で、すでに金額がマイナスであれば、相続税はかかりません。プラスであれば、その金額に相続税が課税されます。

次に、法定相続分割合で分け、各相続人ごとの取得金額を算出し、それぞれの金額に応じた税率によって算出された金額が、相続税総額です。

つまり、相続人の人数分の計算を行うことになり、そのすべての相続人の相続税額の合計を相続税総額といいます。

ステップ③ 相続税総額の按分

ステップ②で算出した相続税総額を実際に取得した財産の割合で按分します。たとえば相続税総額が9000万円で、相続財産を配偶者が3分の2、子供が3分の1の割合で取得した場合は、配偶者が6000万円、子どもが3000万円となります。ただし、この金額が支払う相続税ではありません。次のステップで控除された金額が納付税額となります。

ステップ④ 相続税納税額の算出

ステップ③で算出した相続税額から、税額控除を差し引いた金額（相続人によっては2割加算）が納付する相続税となります。税額控除には、贈与税額控除、配偶者控除、未成年者控除、障害者控除、相次相続控除、外国税額控除、相続時精算課税制度選択時の贈与税額控除の7つがあります。

ワンポイント お墓を作っておいてよかった。お墓は非課税。

課税価格の計算のしかた

相続財産	土地、家屋、借地権、預貯金、有価証券、ゴルフ会員権、家財、書画、骨董など
＋ みなし相続財産	生命保険金、死亡退職金、年金、低額譲り受けなど
＋ 相続開始前3年以内の贈与財産	相続開始前3年以内の生前贈与、相続時精算課税適用の場合は、相続時精算課税贈与財産
－ 債務および葬式費用	借金、未払いのローン、税金、医療費、入院費、家賃、地代、買掛金、葬式費用など
－ 非課税財産	生命保険金控除、死亡退職金控除、墓所、祭祀用具、香典、花輪代、弔慰金、公共事業財産、寄付など
＝ 課税価額	

控除できる葬儀費用、控除できないもの

【控除できるもの】
葬儀料、戒名料、お布施・読経料、火葬埋葬料、通夜費用、タクシー代、飲食代　など

【控除できないもの】
初七日や四十九日など法要費用、香典返し、墓地・仏具購入費など（医学上または裁判上の特別の処理に要した費用）

公社債	転換社債	株価が転換価格より低いとき[利付き公社債と同じ評価]／株価が転換価格より高いとき[発行会社の株式の価額 $\times \dfrac{100}{転換価格}$]　【額面価額】
受益証券	投資信託	上場等：[課税時期の終値＋税引き後の既経過利息] その他：[課税時期の基準価格－解約時源泉徴収税額－解約手数料]　【額面価額】
	貸付信託	[元本の額＋税引き後の既経過収益－売却手数料]【額面価額】
生命保険	死亡保険金	[加入保険金額]（500万円×相続人人数が非課税）【保険金額－非課税額】
	その他	生命保険契約に関する権利の評価 解約返戻金の額
個人年金	給付条件を満たしている場合	無期定期金[年間受給額×15] 有期定期金[残存期間の給付金額×残存期間に応じた割合] または[年間受給額×15]のいずれか低い方の額 終身定期金[年間受給額×受給者の課税時期の年齢に応じた倍率]
	給付条件を満たしていない場合	[払い込まれた掛け金の合計額×掛け金払い込み開始時からの経過期間に応じた割合]
ゴルフ会員権		契約形態、取引相場の有無で評価が異なる　【取引相場の70％程度】
自動車・家財		売買実例価額あるいは、同種同規格の小売価額から減価の額を控除した金額
書画・骨董		[売買実例価額]専門家に適正価格の判断を委ねる【推定売買価格】
電話加入権	取引相場のあるもの	[課税時期の取引価格]　【取引相場価格】
	取引相場がないもの	[電話局ごとに国税局長が決めた標準価格] 平成23年大阪局管内2,000円

※「課税時期」とは、相続開始日、つまり被相続人が亡くなった日を指す

おもな相続財産の評価方法と目安

ワンポイント：葬儀代や埋葬料の一部を健康保険が出してくれる。

種類		評価方法　　　　　【　】内はおよその目安
宅地	市街地	路線価方式[路線価を調整した価格×土地面積]　【時価の70％程度】
	郊外・農村部	倍率方式[固定資産税評価額×評価倍率]　【時価の60％程度】
家屋	自宅・事業用	[固定資産税評価額]と同じ　【時価の30～40％程度】
	マンション	土地[全敷地面積×持ち分割合]　建物[固定資産税評価額]
	門・塀等	[再建築費－経過年数に応ずる減価額]×$\frac{70}{100}$
借地権		[更地価格×借地権割合]　【更地時価の70％程度】
借家権		[家屋の評価額(固定資産税評価額×借家権割合×賃貸割合)]　【家屋時価の30％程度】
貸宅地		[更地価格－借地権の額]　【首都圏では更地時価の30～40％程度】
貸家建付地		[更地価格－(借地権の額×借家権割合×賃貸割合)]　【更地時価の80％程度】
貸家		[家屋の評価額(固定資産税評価額－借家権)]　【家屋時価の70％程度】
定期預貯金		[預入高＋税引き後の既経過利息)]　【預入額】
株式	上場株式	課税時期の終値または指定時期の終値の月平均額のうち最も低い価格　【取引相場価格】
	取引相場のない株式・出資金	会社規模、株主の態様により、財産評価基本通達により評価
公社債	利付き公社債	上場等：[課税時期の市場価格＋税引き後の既経過利息]の低い方の額 その他：[発行価額＋税引き後の既経過利息]　【額面価額】
	割引公社債	上場等：[課税時期の市場価格] その他：[発行価額＋既経過の償還差益の額]　【額面価額】

具体的に、この4ステップで簡単な相続税を計算してみましょう。正味財産を3億円として、相続人は、配偶者と子どもAと子どもB、法定相続分で遺産分割した場合を例とします。

基礎控除額は、5000万円+1000万円×法定相続人の数ですので、5000万円+1000万円×3＝8000万円となります。

ステップ① 正味財産は3億円ですので、基礎控除（8000万円）を差し引くと、2億2000万円が課税遺産総額となります。

ステップ② 法定相続分の割合で分けると、配偶者2分の1、子どもAが4分の1、子どもBが4分の1となり、金額は、配偶者が1億1000万円、子どもAが5500万円、子どもBが5500万円となります。

ステップ③ 47ページの相続税速算表から、配偶者は税率40%控除額1700万円ですので配偶者は1億1000万円×40%－1700万円＝2700万円、子どもAは税率30%控除額700万円ですので、5500万円×30%－700万円＝950万円、子どもBも、5500万円×30%－700万円＝950万円となり、相続税総額は、4600万円となります。

ここでは法定相続の割合で財産を取得した例ですので、配偶者は、4600万円×2分の1＝2300万円、子どもAは、4600万円×4分の1＝1150万円、子どもBも、4600万円×4分の1＝1150万円と按分され、これが相続税額となります。

ステップ④ 各相続人に税額控除を適用すると、配偶者は、配偶者の税額軽減によって、納付する相続税額は0円、子どもAは、1150万円、子どもBも、1150万円となります。

子どもが未成年者であったり、障害者で合った場合は、それぞれの控除が受けられます。

> **ワンポイント**
> 郵便局の口座検索は銀行の何倍も時間がかかる。早めに依頼をしておこう。

算出相続税額から納付税額を出す

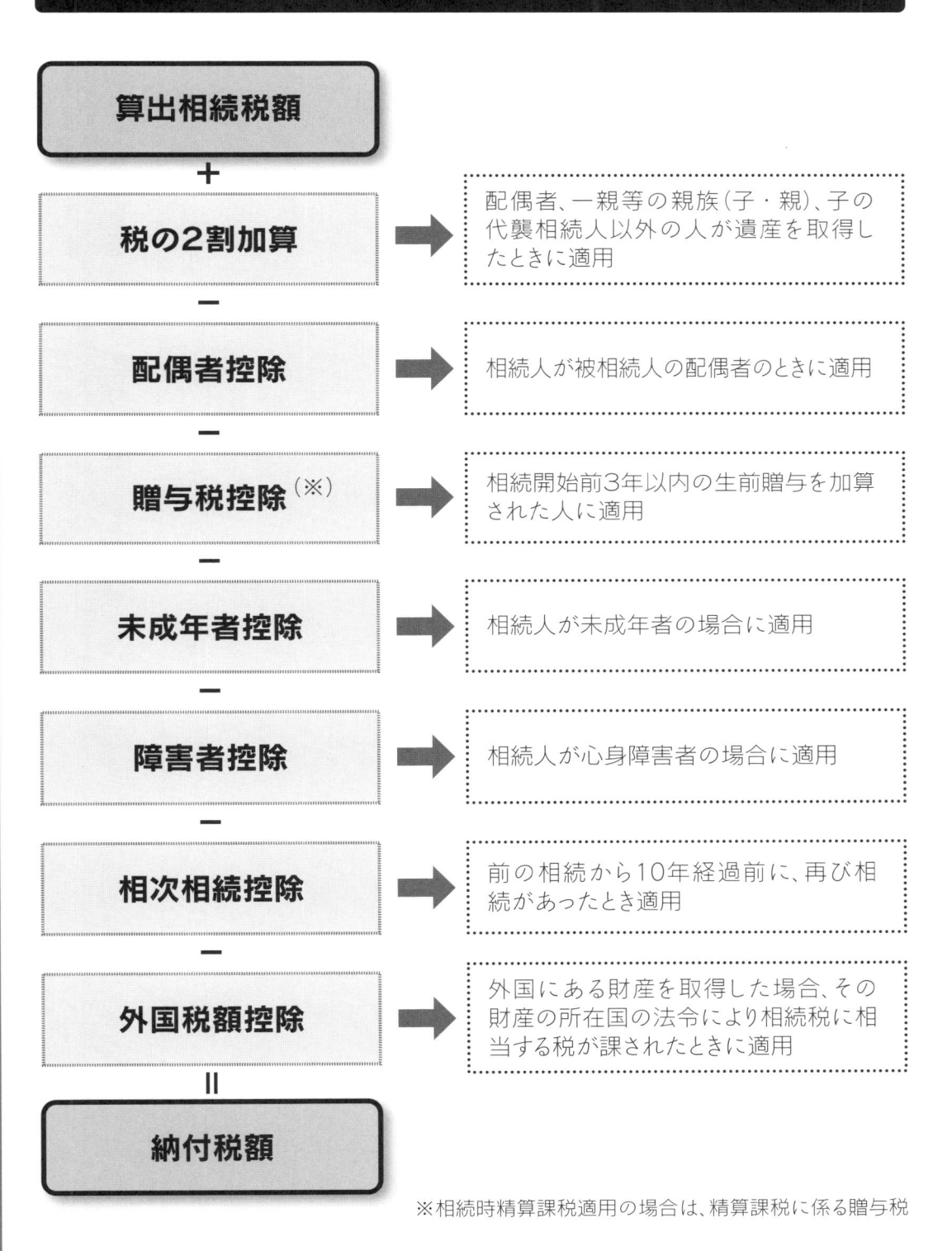

算出相続税額

＋

税の2割加算 → 配偶者、一親等の親族（子・親）、子の代襲相続人以外の人が遺産を取得したときに適用

－

配偶者控除 → 相続人が被相続人の配偶者のときに適用

－

贈与税控除（※） → 相続開始前3年以内の生前贈与を加算された人に適用

－

未成年者控除 → 相続人が未成年者の場合に適用

－

障害者控除 → 相続人が心身障害者の場合に適用

－

相次相続控除 → 前の相続から10年経過前に、再び相続があったとき適用

－

外国税額控除 → 外国にある財産を取得した場合、その財産の所在国の法令により相続税に相当する税が課されたときに適用

＝

納付税額

※相続時精算課税適用の場合は、精算課税に係る贈与税

POINT 2

申告書作成のポイント

相続税の申告書は自分で書けるのか？申告書類だけでも15種類。それ以上に大変なのが、添付書類の収集と作成です。

申告って自分でできるのかしら？

無理無理

税務署で手引き書もらってきたよ

結構くわしく書いてあるわね

もう勘弁してくれ〜

申告書は15種類

税務署では「相続税の申告のしかた」という手引書を配布しています。その通りに記入していけば、自分で申告書を作成することも可能です。

しかし、相続の申告書は第15表までで構成され、記入するだけでも大変な時間と労力が必要です。さらに大変なのは、膨大な量の添付書類を収集し、作成しなければならないことです。

相続税の申告は、財産、債務、身分などを明らかにする必要があり、その根拠となる資料も提出しなければなりません。

とくに財産評価の中でも、土地に関する評価は、専門家でなければ作成できないものもありますので、税理士に任せたほうが得策でしょう。

といっても、すべて税理士任せというわけにはいきません。

さまざまな届出や戸籍謄本、印鑑証明などの書類の収集、名義変更など、やらなくてはならないことは山積みです。税理士と相談しながら、お互いのやるべきことを明確にして、効率のよい相続の手続きを進めましょう。

次ページから実際の申告のモデルケースとの申告書の記入例を付けましたので、ぜひ参考にしてみてください。

最初のモデルケースは本書のマンガに登場していただいた山田さんのケースです。遺言書がなかったと仮定して、遺産分割協議書は70ページで紹介したものをあえてお見せしています。

また142ページからは夫を亡くした別の方（山本さんとしました）の申告書の例を載せました。参考にしてください。

ワンポイント 株式の相続手続きは、証券会社での口座開設と名義変更による振り替え。

母を亡くした山田さんの相続資産

- 山田花子は、平成24年1月28日自宅（東京都渋谷区○○3丁目3番地3号）において、死亡した。
- 山田花子の親族等は以下のとおりである。

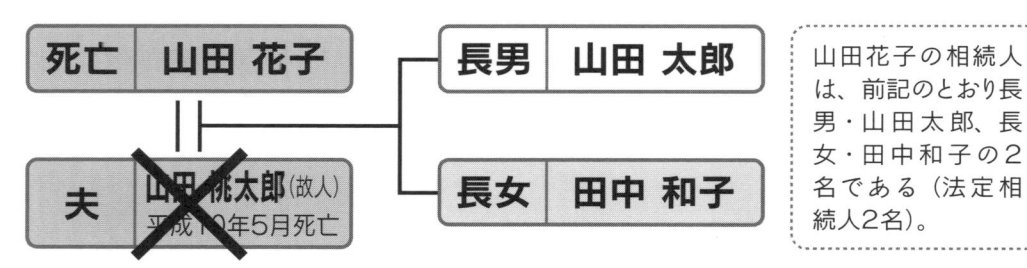

```
死亡  山田 花子 ─┬─ 長男  山田 太郎
   ‖            │
夫  山田 桃太郎(故人) └─ 長女  田中 和子
   平成○年5月死亡
```

山田花子の相続人は、前記のとおり長男・山田太郎、長女・田中和子の2名である（法定相続人2名）。

- 山田花子の死亡時における各相続人の住所は、以下のとおりである。
  - 長男・太郎：東京都渋谷区○○3丁目3番地3号
  - 長女・和子：東京都杉並区○○1丁目5番地8号
- 平成24年3月28日に分割協議がととのい、各相続人が以下のとおり、財産を相続した。

◇長男・山田太郎が相続する財産

（1）宅地　東京都渋谷区○○3丁目3番地3号			300㎡	120,000,000円
（特定居住用宅地等の特例が適用されるものとする）				
（2）家屋　東京都渋谷区○○3丁目3番地3号　木造　居宅			240㎡	7,000,000円
（3）家財一式　東京都渋谷区○○3丁目3番地3号				300,000円
（4）電話加入権　03-○○○○-○○○○				2,000円

◇長女・田中和子が相続する財産

（1）定期預金　○○銀行渋谷支店	75,000,000円
（2）普通預金　△△銀行渋谷支店	5,000,000円

- 山田花子の死亡時における債務は、以下のとおりである。

（1）渋谷区役所　H23年分固定資産税	120,000円
（2）○○寺	500,000円
（3）○○葬儀社	2,500,000円

上記負債は、すべて長男 山田太郎が負担する。

◇山田花子の葬儀に要した費用は以下のとおりである。

葬式費用合計		3,000,000円
内訳	○○寺	500,000円
	○○葬儀社	2,500,000円

上記負債は、すべて長男 山田太郎が負担する。

◇申告書を作成する手順　申告書を作成するおおまかな流れは、以下のとおりです。

①遺産分割協議書　②評価明細書を作成する（土地・預貯金など）。③明細書を作成する（債務及び葬式費用〈第13表〉）。④小規模宅地等の計算明細書を作成する（第11・11の2表の付表1と2）。⑤相続税がかかる財産の明細書（第11表）。⑥相続税の申告書（第1表）・相続税の総額の計算書（第2表）・相続財産の種類別価額表（第15表）を作成・転記していく。

母を亡くした山田さん相続関係図

◆相続関係図

○亡くなられた人（被相続人）および法定相続人の名前を記入。
○第1順位の相続人がいる場合は、第2順位、第3順位の記入は不要。第1順位の相続人がいない場合は、第2順位の相続人を、第1順位および第2順位の相続人がいない場合は、第3順位の相続人を記入する。

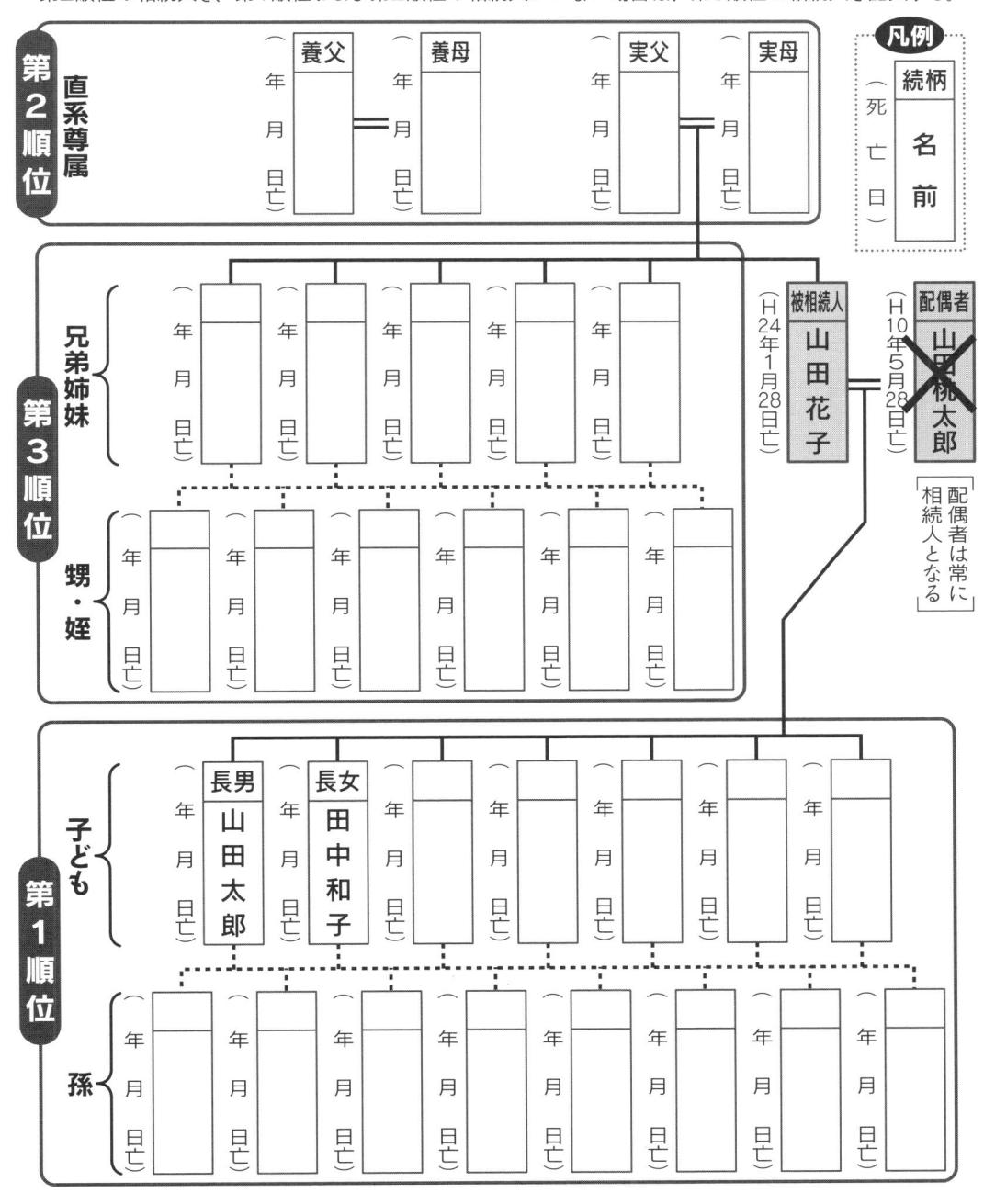

凡例: （死亡日）続柄／名前

第2順位 直系尊属: 養父、養母、実父、実母（年月日亡）

被相続人: （H24年1月28日亡）山田花子

配偶者: （H10年5月28日亡）山田桃太郎 ※×印
（配偶者は常に相続人となる）

第3順位 兄弟姉妹: （年月日亡）×5

第3順位 甥・姪: （年月日亡）×7

第1順位 子ども: 長男 山田太郎、長女 田中和子、ほか（年月日亡）

第1順位 孫: （年月日亡）×8

前記の通り相続人全員による遺産分割の協議が成立したので、これを証するための本書を作成し、以下に各自記名押印する。

平成24年3月28日

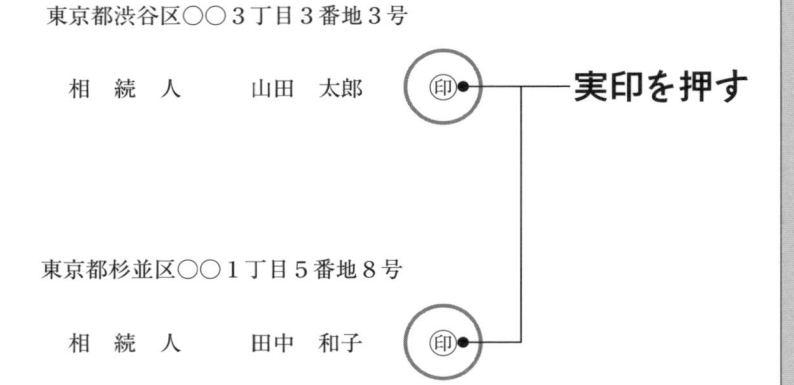

東京都渋谷区〇〇3丁目3番地3号

　相　続　人　　　山田　太郎　　㊞　——実印を押す

東京都杉並区〇〇1丁目5番地8号

　相　続　人　　　田中　和子　　㊞

山田さんの遺産分割協議書（2名のケースにあてはまる）

遺産分割協議書

　被相続人　山田　花子　の遺産については、同人の相続人の全員において分割協議を行った結果、各相続人がそれぞれ次のとおり遺産を分割し、取得することに決定した。

1．相続人　山田　太郎　が取得する財産
　（1）宅地　東京都渋谷区○○3丁目3番地3号
　　　　　　　300㎡
　（2）家屋　東京都渋谷区○○3丁目3番地3号
　　　　　　　木造　居宅　240㎡
　（3）家財一式　東京都渋谷区○○3丁目3番地3号
　　　　　　　300,000円
　（4）電話加入権　03-○○○○-○○○○
　　　　　　　2,000円

2．相続人　田中　和子　が取得する財産
　（1）定期預金　○○銀行渋谷支店
　　　　　　　75,000,000円
　（2）普通預金　△△銀行渋谷支店
　　　　　　　5,000,000円

3．相続人が承継する債務
　　山田　太郎
　（1）渋谷区役所　　H23年分固定資産税
　　　　　　　120,000円
　（2）○○寺
　　　　　　　500,000円
　（3）○○葬儀社
　　　　　　　2,500,000円

4．上記のほか、相続人　田中　和子　が取得する遺産以外の一切の遺産は、
　　山田　太郎　が相続する。

分割協議書が複数枚にわたるときは、各人が契印（実印）をする

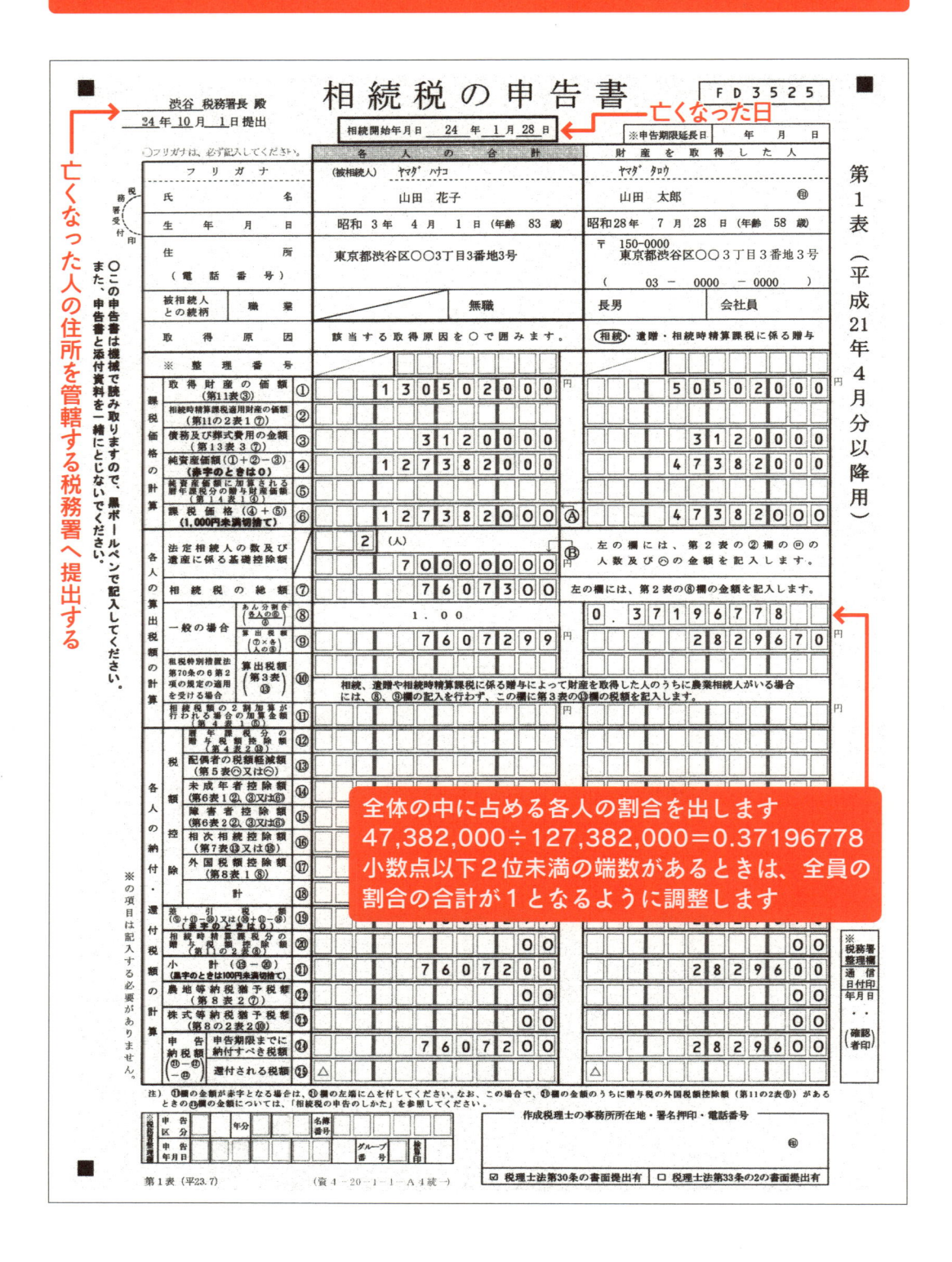

山田さんの申告書・第1表

亡くなった人の住所を管轄する税務署へ提出する

渋谷 税務署長 殿
24年 10月 1日提出

相続税の申告書　FD3525

相続開始年月日　24年 1月 28日　**亡くなった日**
※申告期限延長日　　年　月　日

第1表（平成21年4月分以降用）

	各人の合計	財産を取得した人
フリガナ	(被相続人) ヤマダ ハナコ	ヤマダ タロウ
氏名	山田 花子	山田 太郎 ㊞
生年月日	昭和3年 4月 1日（年齢 83歳）	昭和28年 7月 28日（年齢 58歳）
住所（電話番号）	東京都渋谷区○○3丁目3番3号	〒150-0000 東京都渋谷区○○3丁目3番3号（03-0000-0000）
被相続人との続柄　職業	無職	長男　　会社員
取得原因	該当する取得原因を○で囲みます。	相続・遺贈・相続時精算課税に係る贈与
※整理番号		

課税価格の計算

		各人の合計	財産を取得した人
①	取得財産の価額（第11表③）	130,502,000	50,502,000
②	相続時精算課税適用財産の価額（第11の2表1⑦）		
③	債務及び葬式費用の金額（第13表3⑦）	3,120,000	3,120,000
④	純資産価額（①+②-③）（赤字のときは0）	127,382,000	47,382,000
⑤	純資産価額に加算される暦年課税分の贈与財産価額（第14表1④）		
⑥	課税価格（④+⑤）（1,000円未満切捨て）	127,382,000 Ⓐ	47,382,000

各人の算出税額の計算

	法定相続人の数及び遺産に係る基礎控除額	2（人）　70,000,000	左の欄には、第2表の②欄の回の人数及び⑨の金額を記入します。
⑦	相続税の総額	7,607,300	左の欄には、第2表の⑧欄の金額を記入します。
⑧	一般の場合　あん分割合	1.00	0.37196778
⑨	算出税額	7,607,299	2,829,670
⑩	相税特別措置法第70条の6第2項の規定の適用を受ける場合　第3表⑱	相続、遺贈や相続時精算課税に係る贈与によって財産を取得した人のうちに農業相続人がいる場合には、⑧、⑨欄の記入を行わず、この欄に第3表の⑱欄の税額を記入します。	

全体の中に占める各人の割合を出します
47,382,000÷127,382,000＝0.37196778
小数点以下2位未満の端数があるときは、全員の割合の合計が1となるように調整します

各人の納付・還付税額の計算

⑪	相続税額の2割加算が行われる場合の加算金額（第4表⑦）		
⑫	暦年課税分の贈与税額控除額（第4表の2⑤）		
⑬	配偶者の税額軽減額（第5表Ⓐ又は⑥）		
⑭	未成年者控除額（第6表1②、③又は⑥）		
⑮	障害者控除額（第6表2②、③又は⑥）		
⑯	相次相続控除額（第7表④又は⑧）		
⑰	外国税額控除額（第8表1⑧）		
	計		
⑱	差引税額（⑨+⑪-⑱）又は（⑩+⑪-⑱）（赤字のときは0）		
⑲	相続時精算課税分の贈与税額控除額（第11の2表⑧）		
⑳	小計（⑱-⑲）（黒字のときは100円未満切捨て）	7,607,200　00	2,829,600　00
㉑	農地等納税猶予税額（第8表2⑦）	00	00
㉒	株式等納税猶予税額（第8の2表⑧）	00	00
	申告納税額（⑳-㉑）　申告期限までに納付すべき税額／還付される税額	7,607,600	2,829,600

注）⑱欄の金額が赤字となる場合は、⑱欄の左端に△を付してください。なお、この場合で、⑱欄の金額のうちに贈与税の外国税額控除額（第11の2表⑨）があるときの㉒の金額については、「相続税の申告のしかた」を参照してください。

作成税理士の事務所所在地・署名押印・電話番号

第1表（平23.7）　（資4-20-1-1-A4統一）

□税理士法第30条の書面提出有　□税理士法第33条の2の書面提出有

130

山田さんの申告書・第1表(続)

相続税の申告書(続) FD3526

被相続人:山田 花子

	財産を取得した人	財産を取得した人
フリガナ	タナカ カズコ	
氏名	田中 和子 ㊞	㊞
生年月日	昭和32年 12月 15日 (年齢 54歳)	年 月 日 (年齢 歳)
住所 (電話番号)	〒166-0000 東京都杉並区○○1丁目5番地8号 (03 - 0000 - 0000)	〒 (- -)
被相続人との続柄 / 職業	長女 / 無職	
取得原因	相続・遺贈・相続時精算課税に係る贈与	相続・遺贈・相続時精算課税に係る贈与
※ 整理番号		

課税価格の計算

取得財産の価額(第11表③)	①	80,000,000 円	
相続時精算課税適用財産の価額(第11の2表1⑦)	②		
債務及び葬式費用の金額(第13表3⑦)	③		
純資産価額(①+②-③)(赤字のときは0)	④	80,000,000	
純資産価額に加算される暦年課税分の贈与財産価額(第14表1④)	⑤		
課税価格(④+⑤)(1,000円未満切捨て)	⑥	80,000,000 000	

各人の算出税額の計算

法定相続人の数及び遺産に係る基礎控除額			
相続税の総額	⑦		
一般の場合	あん分割合(各人の⑥/⑥) ⑧	0.62803222	
	算出税額(⑦×⑧) ⑨	477,629 円	
租税特別措置法第70条の6第2項の規定の適用を受ける場合	算出税額(第3表⑨) ⑩	相続、遺贈や相続時精算課税に係る贈与によって財産を取得した人のうちに農業相続人がいる場合には、⑧、⑨欄の記入を行わず、この欄に第3表の⑨欄の税額を記入します。	

各人の納付・還付税額の計算

相続税額の2割加算が行われる場合の加算金額(第4表⑦)	⑪	円	円
税額控除 暦年課税分の贈与税額控除額(第4表の2⑨)	⑫		
配偶者の税額軽減額(第5表○又は○)	⑬		
未成年者控除額(第6表1②、③又は⑥)	⑭		
障害者控除額(第6表2②、③又は⑥)	⑮		
相次相続控除額(第7表④又は⑱)	⑯		
外国税額控除額(第8表1⑧)	⑰		
計	⑱		
差引税額(⑨+⑪-⑱)又は(⑩+⑪-⑱)(赤字のときは0)	⑲	477,629	
相続時精算課税分の贈与税額控除額(第11の2表⑧)	⑳	00	00
小計(⑲-⑳)(黒字のときは100円未満切捨て)	㉑	477,600	
農地等納税猶予税額(第8表2⑦)	㉒	00	00
株式等納税猶予税額(第8の2表2⑩)	㉓	00	00
申告納税額 申告期限までに納付すべき税額(㉑-㉒-㉓)	㉔	477,600	00
還付される税額	㉕	△	△

(注) ㉔欄の金額が赤字となる場合は、㉔欄の左端に△を付してください。なお、この場合で、㉔欄の金額のうちに贈与税の外国税額控除額(第11の2表⑨)があるときの㉔欄の金額については、「相続税の申告のしかた」を参照してください。

第1表(続)(平23.7)

山田さんの申告書・第15表

相続財産の種類別価額表 (この表は、第11表から第14表までの記載に基づいて記入します。)

FD3535

被相続人　山田　花子

(単位は円)

第15表 (平成21年4月分以降用)

第11表から集計して転記する・各人ごとに集計する

種類	細目	番号	各人の合計 被相続人	氏名 山田　太郎
土地（土地の上に存する権利を含みます。）	田	①		
	畑	②		
	宅地	③	43,200,000	43,200,000
	山林	④		
	その他の土地	⑤		
	計	⑥	43,200,000	43,200,000
⑥のうち特例農地等	通常価額	⑦		
	農業投資価格による価額	⑧		
家屋、構築物		⑨	7,000,000	7,000,000
事業（農業）用財産	機械、器具、農耕具、その他の減価償却資産	⑩		
	商品、製品、半製品、原材料、農産物等	⑪		
	売掛金	⑫		
	その他の財産	⑬		
	計	⑭		
有価証券	特定同族会社の株式及び出資（配当還元方式によったもの）	⑮		
	特定同族会社の株式及び出資（その他の方式によったもの）	⑯		
	⑮及び⑯以外の株式及び出資	⑰		
	公債及び社債	⑱		
	証券投資信託、貸付信託の受益証券	⑲		
	計	⑳		
現金、預貯金等		㉑	80,000,000	
家庭用財産		㉒	300,000	300,000
その他の財産	生命保険金等	㉓		
	退職手当金等	㉔		
	立木	㉕		
	その他	㉖	2,000	2,000
	計	㉗	2,000	2,000
合計 (⑥+⑨+⑭+⑳+㉑+㉒+㉗)		㉘	130,502,000	50,502,000
相続時精算課税適用財産の価額		㉙		
不動産等の価額 (⑥+⑨+⑩+⑮+⑯+㉙)		㉚	50,200,000	50,200,000
⑯のうち猶予対象の株式等の価額の80％の額		㉛		
⑰のうち猶予対象の株式等の価額の80％の額		㉜		
債務等	債務	㉝	120,000	120,000
	葬式費用	㉞	3,000,000	3,000,000
	合計 (㉝+㉞)	㉟	3,120,000	3,120,000
差引純資産価額 (㉘+㉙−㉟) (赤字のときは0)		㊱	127,382,000	47,382,000
純資産価額に加算される暦年課税分の贈与財産価額		㊲		
課税価格 (㊱+㊲) (1,000円未満切捨て)		㊳	127,382,000	47,382,000

○この申告書は機械で読み取りますので、黒ボールペンで記入してください。

※の項目は記入する必要がありません。

第15表 (平23.7)

(資4−20−16−1−A4統一)

山田さんの申告書・第15表（続）

相続財産の種類別価額表（続）（この表は、第11表から第14表までの記載に基づいて記入します。）

FD3536

被相続人　山田　花子

第15表（続）（平成21年4月分以降用）

（単位は円）

種類	細目	番号	（氏名）田中　和子	（氏名）
	※整理番号			
土地（土地の上に存する権利を含みます。）	田	①		
	畑	②		
	宅地	③		
	山林	④		
	その他の土地	⑤		
	計	⑥		
⑥のうち特例農地等	通常価額	⑦		
	農業投資価格による価額	⑧		
家屋、構築物		⑨		
事業（農業）用財産	機械、器具、農耕具、その他の減価償却資産	⑩		
	商品、製品、半製品、原材料、農産物等	⑪		
	売掛金	⑫		
	その他の財産	⑬		
	計	⑭		
有価証券	特定同族会社の株式及び出資	配当還元方式によったもの	⑮		
		その他の方式によったもの	⑯		
	⑮及び⑯以外の株式及び出資	⑰		
	公債及び社債	⑱		
	証券投資信託、貸付信託の受益証券	⑲		
	計	⑳		
現金、預貯金等		㉑	80000000	
家庭用財産		㉒		
その他の財産	生命保険金等	㉓		
	退職手当金等	㉔		
	立木	㉕		
	その他	㉖		
	計	㉗		
合計（⑥+⑨+⑭+⑳+㉑+㉒+㉗）		㉘	80000000	
相続時精算課税適用財産の価額		㉙		
不動産等の価額（⑥+⑨+⑩+⑮+⑯+㉕）		㉚		
⑯のうち猶予対象の株式等の価額の80％の額		㉛		
⑰のうち猶予対象の株式等の価額の80％の額		㉜		
債務等	債務	㉝		
	葬式費用	㉞		
	合計（㉝+㉞）	㉟		
差引純資産価額（㉘+㉙-㉟）（赤字のときは0）		㊱	80000000	
純資産価額に加算される暦年課税分の贈与財産価額		㊲		
課税価格（㊱+㊲）（1,000円未満切捨て）		㊳	80000000	000

○この申告書は機械で読み取りますので、黒ボールペンで記入してください。

※の項目は記入する必要がありません。

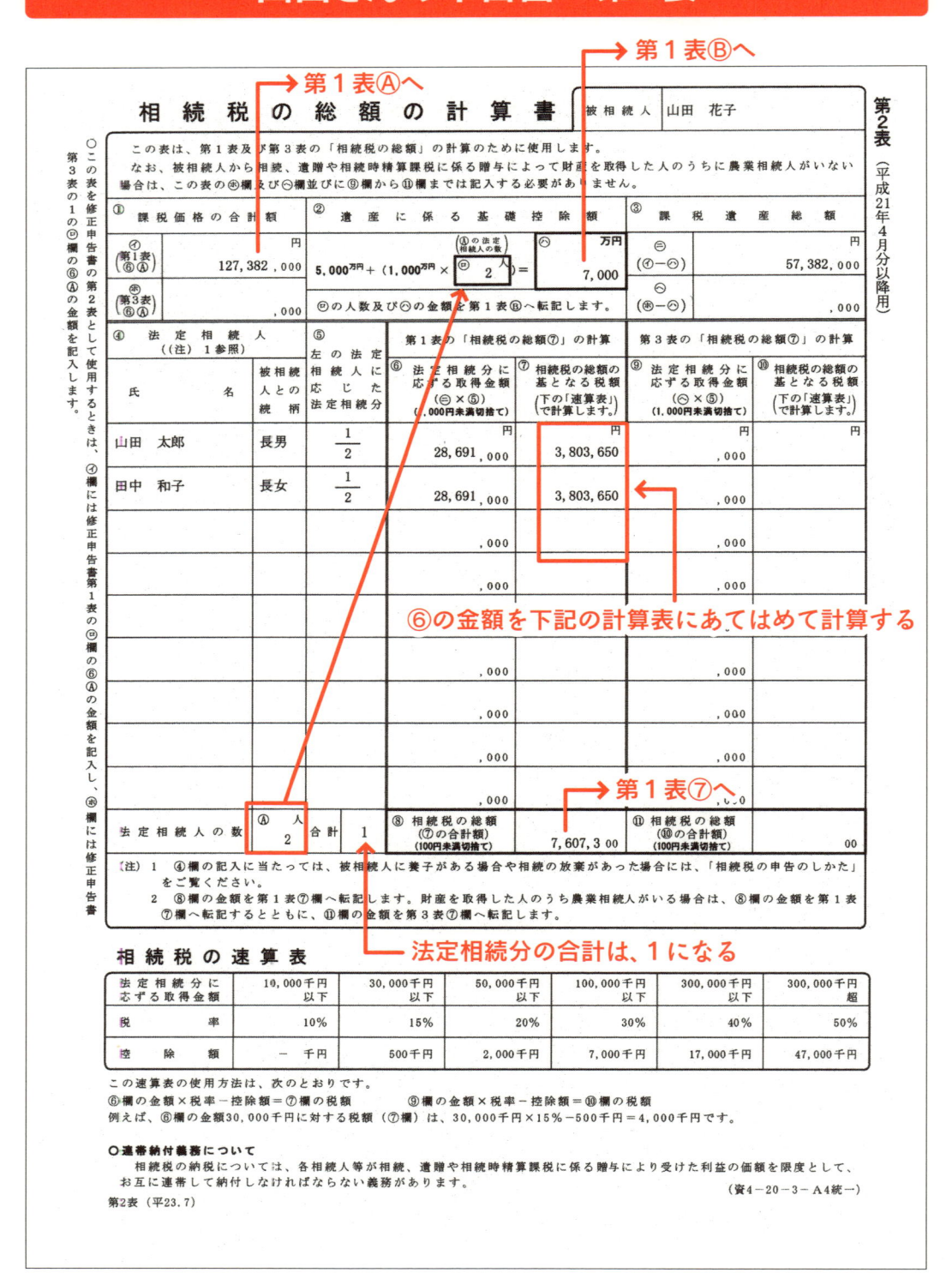

山田さんの申告書・第2表

→ 第1表Ⓐへ
→ 第1表Ⓑへ

相続税の総額の計算書

被相続人　山田　花子

第2表（平成21年4月分以降用）

○この表は、第1表及び第3表の「相続税の総額」の計算のために使用します。
なお、被相続人から相続、遺贈や相続時精算課税に係る贈与によって財産を取得した人のうちに農業相続人がいない場合は、この表の㋺欄及び㋩欄並びに⑨欄から⑪欄までは記入する必要がありません。

○この表を修正申告書の第2表として使用するときは、④欄には修正申告書第1表のⓃ欄の⑥Ⓐの金額を記入し、⑪欄には修正申告書第3表の1の⑫欄の⑥Ⓐの金額を記入します。

① 課税価格の合計額	② 遺産に係る基礎控除額	③ 課税遺産総額
㋑（第1表⑥Ⓐ） 127,382,000 円 （第3表⑥Ⓐ） ,000	5,000万円 +（1,000万円 × ㋺の法定相続人の数 2 人）= ㋩ 7,000 万円 ㋺の人数及び㋩の金額を第1表Ⓑへ転記します。	（㋑-㋩） 57,382,000 円 ,000

④ 法定相続人		⑤ 左の法定相続人に応じた法定相続分	第1表の「相続税の総額⑦」の計算		第3表の「相続税の総額⑦」の計算	
氏名	被相続人との続柄		⑥ 法定相続分に応ずる取得金額（㋩×⑤）（1,000円未満切捨て）	⑦ 相続税の総額の基となる税額（下の「速算表」で計算します。）	⑨ 法定相続分に応ずる取得金額（㋩×⑤）（1,000円未満切捨て）	⑩ 相続税の総額の基となる税額（下の「速算表」で計算します。）
山田 太郎	長男	1/2	28,691,000 円	3,803,650 円	,000 円	円
田中 和子	長女	1/2	28,691,000	3,803,650	,000	
			,000		,000	
			,000		,000	
			,000		,000	
			,000		,000	
法定相続人の数	Ⓐ 人 2	合計 1	⑧ 相続税の総額（⑦の合計額）（100円未満切捨て） 7,607,300		⑪ 相続税の総額（⑩の合計額）（100円未満切捨て） 00	

⑥の金額を下記の計算表にあてはめて計算する

→ 第1表⑦へ

法定相続分の合計は、1になる

（注）1 ④欄の記入に当たっては、被相続人に養子がある場合や相続の放棄があった場合には、「相続税の申告のしかた」をご覧ください。
2 ⑧欄の金額を第1表⑦欄へ転記します。財産を取得した人のうち農業相続人がいる場合は、⑧欄の金額を第1表⑦欄へ転記するとともに、⑪欄の金額を第3表⑦欄へ転記します。

相続税の速算表

法定相続分に応ずる取得金額	10,000千円以下	30,000千円以下	50,000千円以下	100,000千円以下	300,000千円以下	300,000千円超
税率	10%	15%	20%	30%	40%	50%
控除額	－ 千円	500千円	2,000千円	7,000千円	17,000千円	47,000千円

この速算表の使用方法は、次のとおりです。
⑥欄の金額×税率－控除額＝⑦欄の税額　　⑨欄の金額×税率－控除額＝⑩欄の税額
例えば、⑥欄の金額30,000千円に対する税額（⑦欄）は、30,000千円×15%－500千円＝4,000千円です。

○連帯納付義務について
相続税の納税については、各相続人等が相続、遺贈や相続時精算課税に係る贈与により受けた利益の価額を限度として、お互いに連帯して納付しなければならない義務があります。

（資4－20－3－A4統一）

第2表（平23.7）

山田さんの申告書・第11表

相続税がかかる財産の明細書
（相続時精算課税適用財産を除きます。）

被相続人　山田　花子

第11表（平成21年4月分以降用）

○この表は、相続や遺贈によって取得した財産及び相続や遺贈によって取得したものとみなされる財産のうち、相続税のかかるものについての明細を記入します。

遺産の分割状況	区　　分	① 全部分割	2 一部分割	3 全部未分割
	分割の日	24・3・28	・　・	

○相続時精算課税適用財産の明細については、この表によらず第11の2表に記載します。

財産の明細 / 分割が確定した財産

種類	細目	利用区分、銘柄等	所在場所等	数量 固定資産税評価額	単価 倍数	価額	取得した人の氏名	取得財産の価額
土地	宅地	自用地	東京都渋谷区○○3丁目3番地号	300㎡	400,000円	43,200,000円 (11・11の2表の付表2のとおり)	山田　太郎	43,200,000 → 第11・11の2表の付表2より
	小計					(43,200,000)		
	計					((43,200,000))		
家屋・構築物	家屋	自用家屋	東京都渋谷区○○3丁目3番地号	240㎡ 7,000,000	1.0	7,000,000	山田　太郎	7,000,000 → 評価額を記入する
	計					((7,000,000))		
現金・預貯金等	預貯金	定期預金	○○銀行渋谷支店			75,000,000	田中　和子	75,000,000 → 評価額を記入する
	預貯金	普通預金	△△銀行渋谷支店			5,000,000	田中　和子	5,000,000
	計					((80,000,000))		評価額を記入する
家庭用財産	家庭用財産	家具等一式	東京都渋谷区○○3丁目3番地号			300,000	山田　太郎	300,000 → 評価額を記入する
	計					((300,000))		
その他の財産	その他	電話加入 03-0000-0000				2,000	山田　太郎	2,000 → 評価額を記入する
	小計					(2,000)		
	計					((2,000))		
	合計					((130,502,000))		

合計表

財産を取得した人の氏名	（各人の合計）	山田　太郎	田中　和子			
分割財産の価額 ①	130,502,000円	50,502,000円	80,000,000円	円	円	円
未分割財産の価額 ②						
各人の取得財産の価額 ③（①+②）	130,502,000	50,502,000	80,000,000			

→ 第1表①へ

（注）1　「合計表」の各人の③欄の金額を第1表のその人の「取得財産の価額①」欄に転記します。
　　　2　「財産の明細」の「価額」欄は、財産の細目、種類ごとに小計及び計を付し、最後に合計を付して、それらの金額を第15表の①から㉘までの該当欄に転記します。

第11表（平23.7）　　（資4-20-12-1-A4統一）

山田さんの申告書・第11・11の2表の付表1

小規模宅地等、特定計画山林又は特定事業用資産についての課税価格の計算明細書

被相続人　山田 花子

第11・11の2表の付表1（平成21年4月分以降用）

この表及び第11・11の2表の付表2の1から付表4までについては、相続、遺贈又は相続時精算課税に係る贈与によって財産を取得した人が、「小規模宅地等の特例」、「特定計画山林の特例」又は「特定事業用資産の特例」の適用を受ける場合に記入します（裏面参照）。

1　特例の適用にあたっての同意

（注）「小規模宅地等の特例」、「特定計画山林の特例」又は「特定事業用資産の特例」の対象となり得る財産を取得した全ての人の同意が必要です。

私（私たち）は下記の「2　特例の適用を受ける財産の明細」の(1)から(3)までの明細において選択した財産の全てが、租税特別措置法第69条の4第1項に規定する小規模宅地等、同法第69条の5第1項に規定する選択特定計画山林又は旧租税特別措置法第69条の5第1項に規定する選択特定事業用資産に該当することを確認の上、その財産の取得者が租税特別措置法第69条の4第1項、同法第69条の5第1項又は旧租税特別措置法第69条の5第1項に規定する特例の適用を受けることに同意します。

特例の対象となる財産を取得した全ての人の氏名	
山田　太郎 ←	

← 特例の対象となり得る財産を取得した人全員の氏名を記入します。特例の適用を受けない人の氏名も記入します。

2　特例の適用を受ける財産の明細

（注）特例の適用を受ける財産の明細の番号を○で囲んでください。

該当するところに○印 →

(①)　小規模宅地等の明細
　　　第11・11の2表の付表2の1の「1　小規模宅地等の明細」のとおり。
(2)　特定受贈同族会社株式等である選択特定事業用資産の明細
　　　第11・11の2表の付表3のとおり。
(3)　特定（受贈）森林施業計画対象山林である選択特定計画山林の明細
　　　第11・11の2表の付表4の「1　特定森林施業計画対象山林である選択特定計画山林の明細」又は「2　特定受贈森林施業計画対象山林である選択特定計画山林の明細」のとおり。

3　特定計画山林の特例の対象となる特定計画山林等の調整限度額の計算

この欄は、「小規模宅地等の特例」、「特定計画山林の特例」又は「特定事業用資産の特例」について2以上の特例を適用する場合に記入します。

(1) 小規模宅地等の特例の適用を受ける面積

① 限度面積	② 特例の適用を受ける面積（第11・11の2表の付表2の1の「2　限度面積要件の判定」の【合計】欄の面積）	③ 特例適用残面積（①－②）
400㎡		㎡

(2) 特定事業用資産の特例の対象となる特定受贈同族会社株式等の調整限度額等の計算

④ 特定事業用資産の特例として選択することのできる特定受贈同族会社株式等に係る各法人の株式（出資）の時価総額の$\frac{2}{3}$に相当する金額の合計額　※　10億円を超える場合は10億円となります。	⑤ 特例の対象となる特定受贈同族会社株式等の調整限度額（④×$\frac{3}{①}$）	⑥ ⑤のうち特例の適用を受ける価額（第11・11の2表の付表3の特定受贈同族会社株式等である選択特定事業用資産の価額の合計額（⑧欄の金額））	⑦ 特例適用残価額（⑤－⑥）
円	円	円	円

(注) 1　⑤欄が0となる場合には、特定受贈同族会社株式等について特定事業用資産の特例の適用を受けることはできません。
　　 2　小規模宅地等の特例の適用がない場合には、⑤欄には④欄の金額を転記します。
　　 3　被相続人が生前に特定受贈同族会社株式等の贈与をしている場合の④欄の金額については、税務署にお尋ねください。

(3) 特定計画山林の特例の対象となる特定（受贈）森林施業計画対象山林の調整限度額等の計算

⑧ 特定計画山林の特例の対象として選択することのできる特定（受贈）森林施業計画対象山林である立木又は土地等の価額の合計額	⑨ 特例の対象となる特定（受贈）森林施業計画対象山林の調整限度額（⑧×$\frac{3}{①}$）又は（⑧×$\frac{7}{④}$）	⑩ ⑨のうち特例の適用を受ける価額（第11・11の2表の付表4の「3　特定（受贈）森林施業計画対象山林である選択特定計画山林の価額の合計額」の「A＋B」欄の金額）	
円	円	円	

(注) 1　③欄が0となる場合又は⑦欄が0となる場合には、特定（受贈）森林施業計画対象山林について特定計画山林の特例の適用を受けることはできません。
　　 2　小規模宅地等の特例を適用し、特定受贈同族会社株式等について特定事業用資産の特例を適用しない場合において、③欄に特例適用残面積が生じたときの⑨欄は、「(⑧×$\frac{3}{①}$)」により計算します。
　　 3　特定受贈同族会社株式等について特定事業用資産の特例を適用した場合(あわせて小規模宅地等の特例を適用する場合を含みます。)において、⑦欄に特例適用残価額が生じたときの⑨欄は、「(⑧×$\frac{7}{④}$)」により計算します。

第11・11の2表の付表1（平23.7）　　　　　　　　　　　　　　　　　　（資4-20-12-3-A4統一）

山田さんの申告書・第11・11の2表の付表2の1

小規模宅地等についての課税価格の計算明細（その１）　FD3543

被相続人　山田　花子

1　小規模宅地等の明細

この欄は、特例の対象として小規模宅地等を選択する場合に記入します。

宅地等の番号
① 特例の適用を受ける取得者の氏名
② 所在地番
③ 取得者の持分に応ずる面積
④ 取得者の持分に応ずる宅地等の価額
⑤ ③のうち特例の対象として選択した宅地等の面積
⑥ 課税価格の計算に当たって減額される金額
⑦ 宅地等について課税価格に算入する価額（④－⑥）

選択した小規模宅地等

番号	① 山田　太郎	⑤ 240 ㎡
1	② 東京都渋谷区〇〇3丁目3番地3号	⑥ 76,800,000 円
	③ 300 ㎡	⑦ 43,200,000 円
	④ 120,000,000 円	

↑ 土地等の評価明細書より

→ 特定居住用宅地等の特例を受けることのできるのは、240㎡までです。

（注）
1 次のいずれかに該当する場合には、第11・11の2表の付表2の3を作成してください。
　(1) 相続又は遺贈により一の宅地等を2人以上の相続人又は受遺者が取得している場合
　(2) 一の宅地等の全部又は一部が、貸家建付地である場合において、貸家建付地の評価額の計算上「賃貸割合」が「1」でない場合
　　（注）一の宅地等とは、一棟の建物又は構築物の敷地をいいます。ただし、マンションなどの区分所有建物の場合には、区分所有された建物の部分に係る敷地をいいます。
2 ⑥　課税価格の計算に当たって減額される金額　欄の金額の計算は、第11・11の2表の付表2の2によります。
3 ⑦欄の金額を第11表の「財産の明細」の「価額」欄に転記します。
4 上記に記入しきれないときは、この用紙を複数枚使用し記入します。

2　限度面積要件の判定

上記「1　小規模宅地等の明細」の「⑤　③のうち特例の対象として選択した宅地等の面積」欄で選択した宅地等のすべてが限度面積要件を満たすものであることを、次の算式の「[第11・11の2表の付表2の2の⑭、⑮の面積の合計]」、「[第11・11の2表の付表2の2の⑰の面積の合計]」、「[第11・11の2表の付表2の2の⑯の面積の合計]」及び「[合計]」の各欄を記入することにより判定します。

[第11・11の2表の付表2の2の⑭、⑮の面積の合計] ㎡ ＋ [第11・11の2表の付表2の2の⑰の面積の合計] 240 ㎡ × 5/3 ＋ [第11・11の2表の付表2の2の⑯の面積の合計] ㎡ × 2 ＝ [合計] 400 ㎡ ≦ 400㎡

※　第11・11の2表の付表2の2へ続きます。

山田さんの申告書・第11・11の2表の付表2の2

小規模宅地等についての課税価格の計算明細（その2）

FD3544

被相続人　山田　花子

3　「⑥ 課税価格の計算に当たって減額される金額」の計算

第11・11の2表の付表2の1の「1　小規模宅地等の明細」で選択した小規模宅地等（同表の2の限度面積要件を満たすものに限ります。）についての「⑥ 課税価格の計算に当たって減額される金額」欄の金額は、次により計算します。

第11・11の2表の付表2の1の「1　小規模宅地等の明細」の「宅地等の番号」欄の番号に合わせて記入します。

区分	小規模宅地等の種類	宅地の号番	⑧特例の適用を受ける取得者の氏名 ⑨その宅地等における相続開始の直前の事業	⑩割合	⑪小規模宅地等の面積 ⑫小規模宅地等の価額（④×⑪/③） ⑬小規模宅地等について減額される金額（⑫×⑩）
被相続人等の事業用宅地等	⑭特定事業用宅地等			80/100	
				80/100	
	⑮特定同族会社事業用宅地等			80/100	
				80/100	
	⑯貸付事業用宅地等			50/100	
				50/100	
被相続人等の居住用宅地等	⑰特定居住用宅地等	1	⑧山田　太郎	80/100	⑪240 ⑫96 000 000 ⑬76 800 000
			⑧	80/100	

(注)　1　⑨欄には、その宅地等の上で行われていた事業について、書籍、雑誌小売、鮮魚小売、貸家のように具体的に記入します。
　　　2　⑪欄には、それぞれの宅地等の番号に応ずる第11・11の2表の付表2の1の「1　小規模宅地等の明細」に記入した宅地等の「⑤ ③のうち特例の対象として選択した宅地等の面積」を記入します。
　　　3　⑬欄の金額を第11・11の2表の付表2の1の宅地等の番号に応ずる⑥欄へ転記します。
　　　4　上記に記入しきれないときは、この用紙を複数枚使用し記入します。

第11・11の2表の付表2の1、⑥へ

小規模宅地等の価額 $\left(120{,}000{,}000 \times \dfrac{240㎡}{300㎡} = 96{,}000{,}000\right) \times$ 減額割合 $\left(\dfrac{80}{100}\right)$

第11・11の2表の付表2の2（平23.7）

山田さんの申告書・第13表

債務及び葬式費用の明細書

被相続人　山田　花子

第13表（平成21年4月分以降用）

1　債務の明細
（この表は、被相続人の債務について、その明細と負担する人の氏名及び金額を記入します。）

債務の明細						負担することが確定した債務	
種類	細目	債権者 氏名又は名称	住所又は所在地	発生年月日 弁済期限	金額	負担する人の氏名	負担する金額
公租公課	平成23年度分 固定資産税	渋谷区役所			120,000円	山田　太郎	120,000円
合　計					120,000		

2　葬式費用の明細
（この表は、被相続人の葬式に要した費用について、その明細と負担する人の氏名及び金額を記入します。）

葬式費用の明細					負担することが確定した葬式費用	
支払先 氏名又は名称	住所又は所在地	支払年月日	金額		負担する人の氏名	負担する金額
○○寺	渋谷区○○1丁目○○番地○○号	24・1・28	500,000円		山田　太郎	500,000円
○○葬儀社	渋谷区○○5丁目○○番地○○号	24・1・28	2,500,000		山田　太郎	2,500,000
合　計			3,000,000			

3　債務及び葬式費用の合計額

債務などを承継した人の氏名		（各人の合計）	山田　太郎			
債務	負担することが確定した債務 ①	120,000円	120,000円	円	円	円
	負担することが確定していない債務 ②					
	計（①+②）③	120,000	120,000			
葬式費用	負担することが確定した葬式費用 ④	3,000,000	3,000,000			
	負担することが確定していない葬式費用 ⑤					
	計（④+⑤）⑥	3,000,000	3,000,000			
合　計（③+⑥）⑦		3,120,000	3,120,000			

(注) 1　各人の⑦欄の金額を第1表のその人の「債務及び葬式費用の金額③」欄に転記します。
　　 2　③、⑥及び⑦欄の金額を第15表の㉝、㉞及び㉟欄にそれぞれ転記します。

第13表（平23.7）　　　　　　　　　　　　　　　　　　　　　　（資4-20-14-A4統一）

第15表㉝へ　　　第15表㉞へ　　　第15表㉟へ

山田さんの申告書・土地建物等の明細

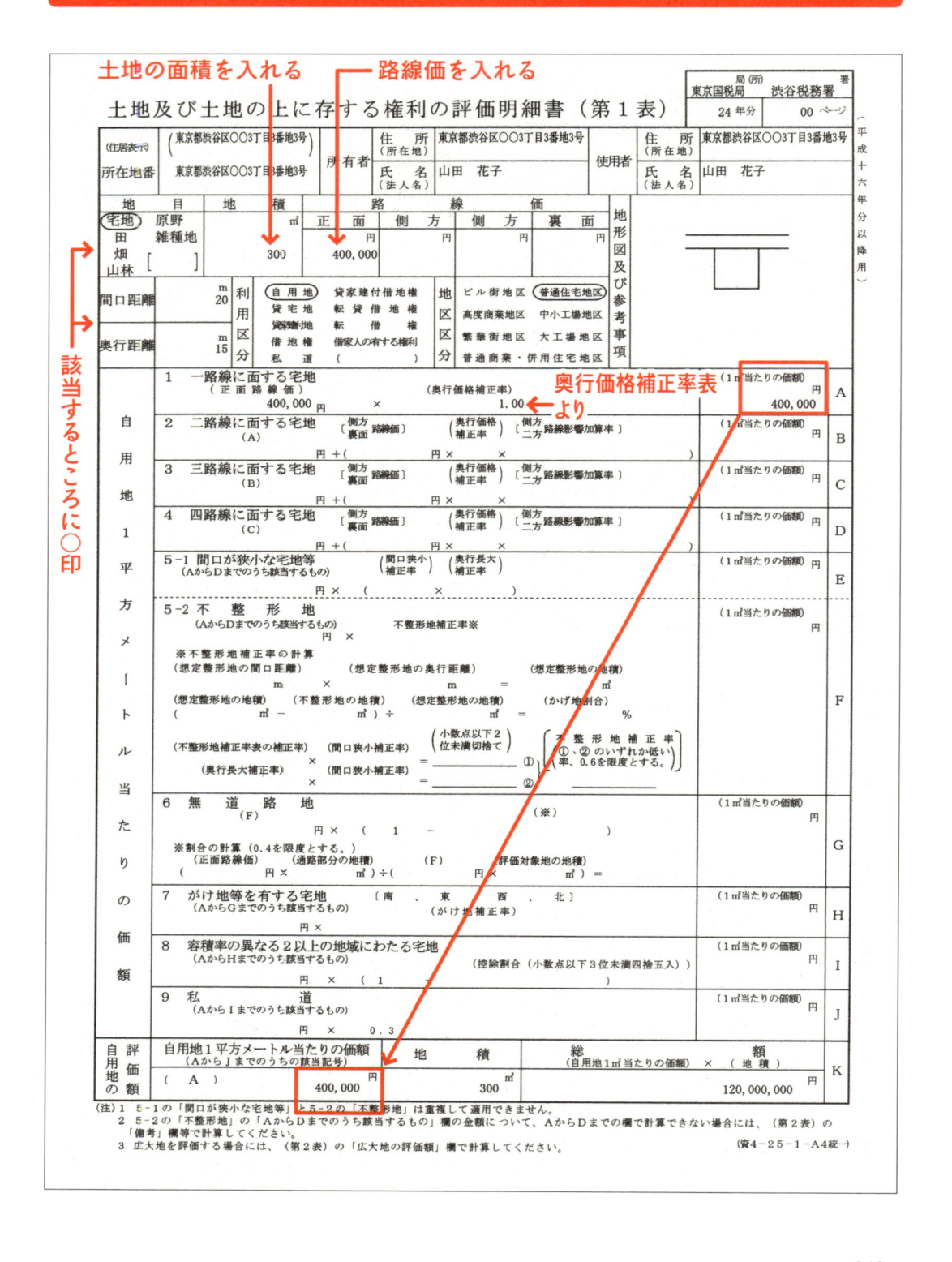

土地及び土地の上に存する権利の評価明細書（第1表）

局（所）東京国税局　署 渋谷税務署　24年分　00ページ

（住居表示）（東京都渋谷区○○3丁目3番地3号）	住所（所在地）東京都渋谷区○○3丁目3番地3号	住所（所在地）東京都渋谷区○○3丁目3番地3号
所在地番　東京都渋谷区○○3丁目3番地3号	所有者　氏名（法人名）山田 花子	使用者　氏名（法人名）山田 花子

←土地の面積を入れる　**←路線価を入れる**

地目	地積	路線価				地形図及び参考事項
宅地・田・畑・山林・原野・雑種地 [ ]	300 ㎡	正面 400,000 円	側方 円	側方 円	裏面 円	

間口距離 20 m　奥行距離 15 m

利用区分：自用地・貸家建付借地権・貸宅地・転貸借地権・貸家建付地・転借権・借地権・借家人の有する権利・私道（　）

地区区分：ビル街地区・（普通住宅地区）・高度商業地区・中小工場地区・繁華街地区・大工場地区・普通商業・併用住宅地区

↑該当するところに○印

自用地1平方メートル当たりの価額

1　一路線に面する宅地（正面路線価）　400,000 円 × （奥行価格補正率）1.00　→ **奥行価格補正率表より**　（1㎡当たりの価額）400,000 円　**A**

2　二路線に面する宅地（A）　円 + （側方・裏面 路線価 円 × 奥行価格補正率 × ［側方・二方］路線影響加算率）　（1㎡当たりの価額）円　**B**

3　三路線に面する宅地（B）　円 + （側方・裏面 路線価 円 × 奥行価格補正率 × ［側方・二方］路線影響加算率）　（1㎡当たりの価額）円　**C**

4　四路線に面する宅地（C）　円 + （側方・裏面 路線価 円 × 奥行価格補正率 × ［側方・二方］路線影響加算率）　（1㎡当たりの価額）円　**D**

5-1　間口が狭小な宅地等（AからDまでのうち該当するもの）　円 × （間口狭小補正率 × 奥行長大補正率）　（1㎡当たりの価額）円　**E**

5-2　不整形地（AからDまでのうち該当するもの）　円 × 不整形地補正率※

※不整形地補正率の計算
（想定整形地の間口距離）m × （想定整形地の奥行距離）m = （想定整形地の地積）㎡
（想定整形地の地積 ㎡ − 不整形地の地積 ㎡）÷（想定整形地の地積 ㎡）= （かげ地割合）%
（不整形地補正率表の補正率 × 間口狭小補正率）= ①　小数点以下2位未満切捨て
（奥行長大補正率 × 間口狭小補正率）= ②
不整形地補正率（①、②のいずれか低い率、0.6を限度とする。）
（1㎡当たりの価額）円　**F**

6　無道路地（F）　円 × （1 − ※）
※割合の計算（0.4を限度とする。）（正面路線価）円 × （通路部分の地積）㎡ ÷ （F）円 × （評価対象地の地積）㎡ =
（1㎡当たりの価額）円　**G**

7　がけ地等を有する宅地（AからGまでのうち該当するもの）　［南・東・西・北］（がけ地補正率）　円 ×
（1㎡当たりの価額）円　**H**

8　容積率の異なる2以上の地域にわたる宅地（AからHまでのうち該当するもの）　円 × （1 − 控除割合（小数点以下3位未満四捨五入））
（1㎡当たりの価額）円　**I**

9　私道（AからIまでのうち該当するもの）　円 × 0.3
（1㎡当たりの価額）円　**J**

自用地の評価額

| 自用地1平方メートル当たりの価額（AからJまでのうちの該当記号）（ A ）400,000 円 | 地積 300 ㎡ | 総額（自用地1㎡当たりの価額 × 地積）120,000,000 円 | **K** |

（注）1　5-1の「間口が狭小な宅地等」と5-2の「不整形地」は重複して適用できません。
　　　2　5-2の「不整形地」の「AからDまでのうち該当するもの」欄の金額について、AからDまでの欄で計算できない場合には、（第2表）の「備考」欄等で計算してください。
　　　3　広大地を評価する場合には、（第2表）の「広大地の評価額」欄で計算してください。

（資4-25-1-A4統一）

これで安心じゃ
実際の私たちの相続をご紹介しました
申告書の書き方の参考にしてくださいね
二次相続のことも考えてね
申告書

ワン！
大吉

夫を亡くした山本花子さんの相続財産

- 山本一郎は、平成24年1月28日自宅（東京都世田谷区〇〇1丁目1番地1号）において、死亡した。
- 山本一郎の親族等は以下のとおりである。

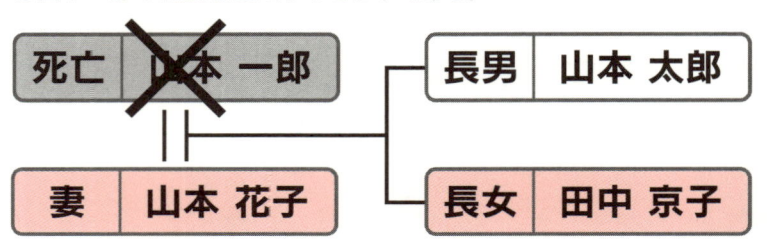

死亡	山本 一郎		長男	山本 太郎
妻	山本 花子		長女	田中 京子

> 山本一郎の相続人は、前記のとおり妻・花子、長男・太郎、長女・京子の3名である（法定相続人3名）。

- 山本一郎の死亡時における各相続人の住所は、以下のとおりである。
  - 妻・花子：東京都世田谷区〇〇1丁目1番地1号
  - 長男・太郎：東京都目黒区〇〇2丁目12番地24号
  - 長女・京子：東京都杉並区〇〇3丁目5番地8号
- 平成24年3月28日に分割協議がととのい、各相続人が以下のとおり、財産を相続した。

✢ 妻・花子が相続する財産

　（1）宅地　東京都世田谷区〇〇1丁目1番地1号　　　　　　　　　　　　300㎡
　（2）家屋　東京都世田谷区〇〇1丁目1番地1号　　　　　　　木造　居宅　240㎡
　（3）家財一式　世田谷区〇〇1丁目1番地1号　　　　　　　　　　　300,000円
　（4）電話加入権　03-〇〇〇〇-〇〇〇〇　　　　　　　　　　　　　　2,000円

✢ 長男・太郎が相続する財産

　（1）定期預金　〇〇銀行渋谷支店
　　　　　　　　35,000,000円
　（2）普通預金　△△銀行渋谷支店
　　　　　　　　5,000,000円

✢ 長女・京子が相続する財産

　（1）定期預金　〇〇銀行渋谷支店
　　　　　　　　40,000,000円

- 山本一郎の死亡時における債務は、以下のとおりである。
　（1）渋谷区役所　H23年分固定資産税
　　　　　　　　　　　　　　120,000円
　　　妻　花子が引継ぐ。
　（2）〇〇寺　　　　　　　　500,000円
　　　長男　太郎と長女　京子それぞれ$\frac{1}{2}$ずつ引継ぐ。
　（3）〇〇葬儀社　　　　　2,500,000円
　　　長男　太郎と長女　京子それぞれ$\frac{1}{2}$ずつ引継ぐ。

✢ 山本一郎の葬儀に要した費用は以下のとおりである。

　葬式費用合計　　　　　3,000,000円
　内訳　〇〇寺　　　　　　500,000円
　　　　〇〇葬儀社　　　2,500,000円
　上記負債は、すべて長男$\frac{1}{2}$、長女$\frac{1}{2}$負担する。

✢ 申告書を作成する手順　申告書を作成するおおまかな流れは、以下のとおりです。

①遺産分割協議書　②評価明細書を作成する（土地・預貯金など）。③明細書を作成する（債務及び葬式費用〈第13表〉）。④小規模宅地等の計算明細書を作成する（第11・11の2表の付表1と2）。⑤相続税がかかる財産の明細書（第11表）。⑥相続税の申告書（第1表）・相続税の総額の計算書（第2表）・配偶者の税額軽減額の計算書（第5表）・相続財産の種類別価額表（第15表）を作成・転記していく。

夫を亡くした山本花子さんの相続関係図

◆相続関係図

○亡くなった人（被相続人）および法定相続人の名前を記入。
○第1順位の相続人がいる場合は、第2順位、第3順位の記入は不要。第1順位の相続人がいない場合は、第2順位の相続人を、第1順位および第2順位の相続人がいない場合は、第3順位の相続人を記入する。

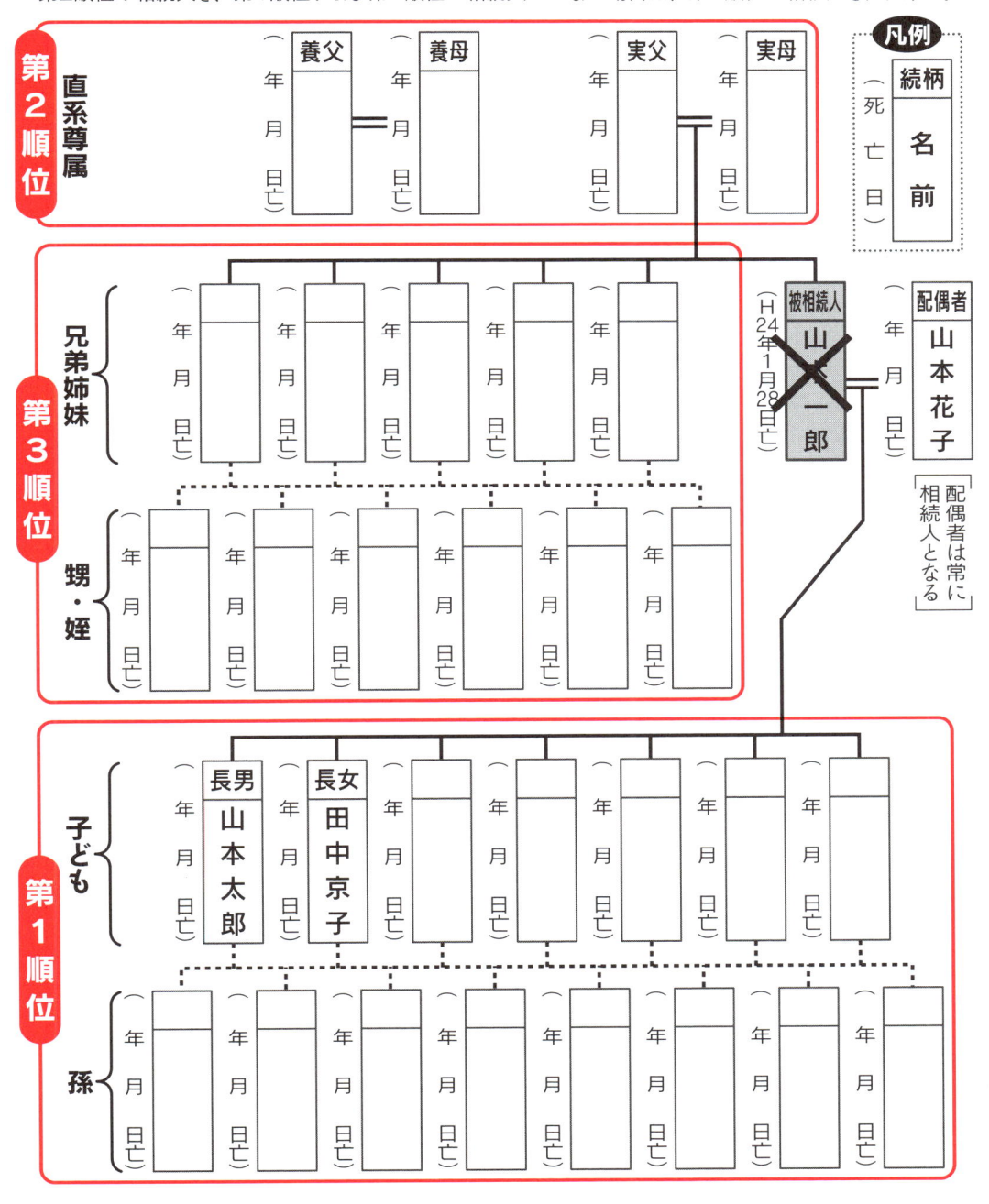

凡例：続柄／名前／（死亡日）

第2順位 直系尊属：養父、養母、実父、実母

被相続人：山一郎（H24年1月28日）
配偶者：山本花子（配偶者は常に相続人となる）

第3順位 兄弟姉妹／甥・姪

第1順位 子ども：長男 山本太郎、長女 田中京子／孫

前記の通り相続人全員による遺産分割の協議が成立したので、これを証するための本書を作成し、以下に各自記名押印する。

平成24年3月28日

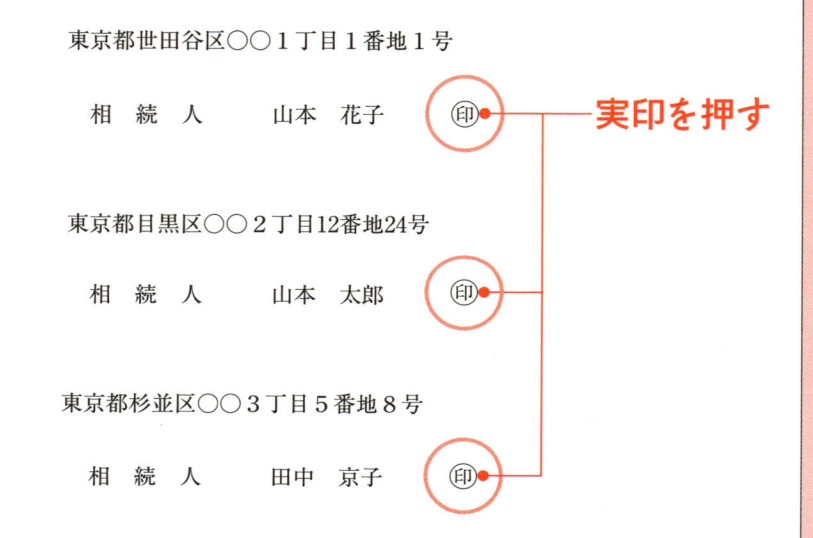

東京都世田谷区○○１丁目１番地１号

相　続　人　　　山本　花子　㊞　── **実印を押す**

東京都目黒区○○２丁目12番地24号

相　続　人　　　山本　太郎　㊞

東京都杉並区○○３丁目５番地８号

相　続　人　　　田中　京子　㊞

山本花子さんの遺産分割協議書の作成例（3名のケースにあてはまる）

遺産分割協議書

　被相続人　山本　一郎　の遺産については、同人の相続人の全員において分割協議を行った結果、各相続人がそれぞれ次のとおり遺産を分割し、取得することに決定した。

1．相続人　山本　花子　が取得する財産
　（1）宅地　東京都世田谷区〇〇1丁目1番地1号
　　　　　　　300㎡
　（2）家屋　東京都世田谷区〇〇1丁目1番地1号
　　　　　　木造　居宅　240㎡
　（3）家財一式　世田谷区〇〇1丁目1番地1号
　　　　　　　300,000円
　（4）電話加入権　03-〇〇〇〇-〇〇〇〇
　　　　　　　2,000円

2．相続人　山本　太郎　が取得する財産
　（1）定期預金　〇〇銀行渋谷支店
　　　　　　　35,000,000円
　（2）普通預金　△△銀行渋谷支店
　　　　　　　5,000,000円

3．相続人　田中　京子　が取得する財産
　（1）定期預金　〇〇銀行渋谷支店
　　　　　　　40,000,000円

4．相続人が承継する債務
　（1）渋谷区役所　　H23年分固定資産税
　　　　　　　120,000円
　　　相続人　山本　花子　が承継する。
　（2）〇〇寺
　　　　　　　500,000円
　　　相続人　山本　太郎　が半額
　　　相続人　田中　京子　が半額承継する。
　（3）〇〇葬儀社
　　　　　　　2,500,000円
　　　相続人　山本　太郎　が半額
　　　相続人　田中　京子　が半額承継する。

4．上記のほか、相続人　山本　太郎　および　田中　京子　が取得する遺産以外の一切の遺産は、山本　花子　が取得する。

分割協議書が複数枚にわたるときは、各人が契印（実印）をする

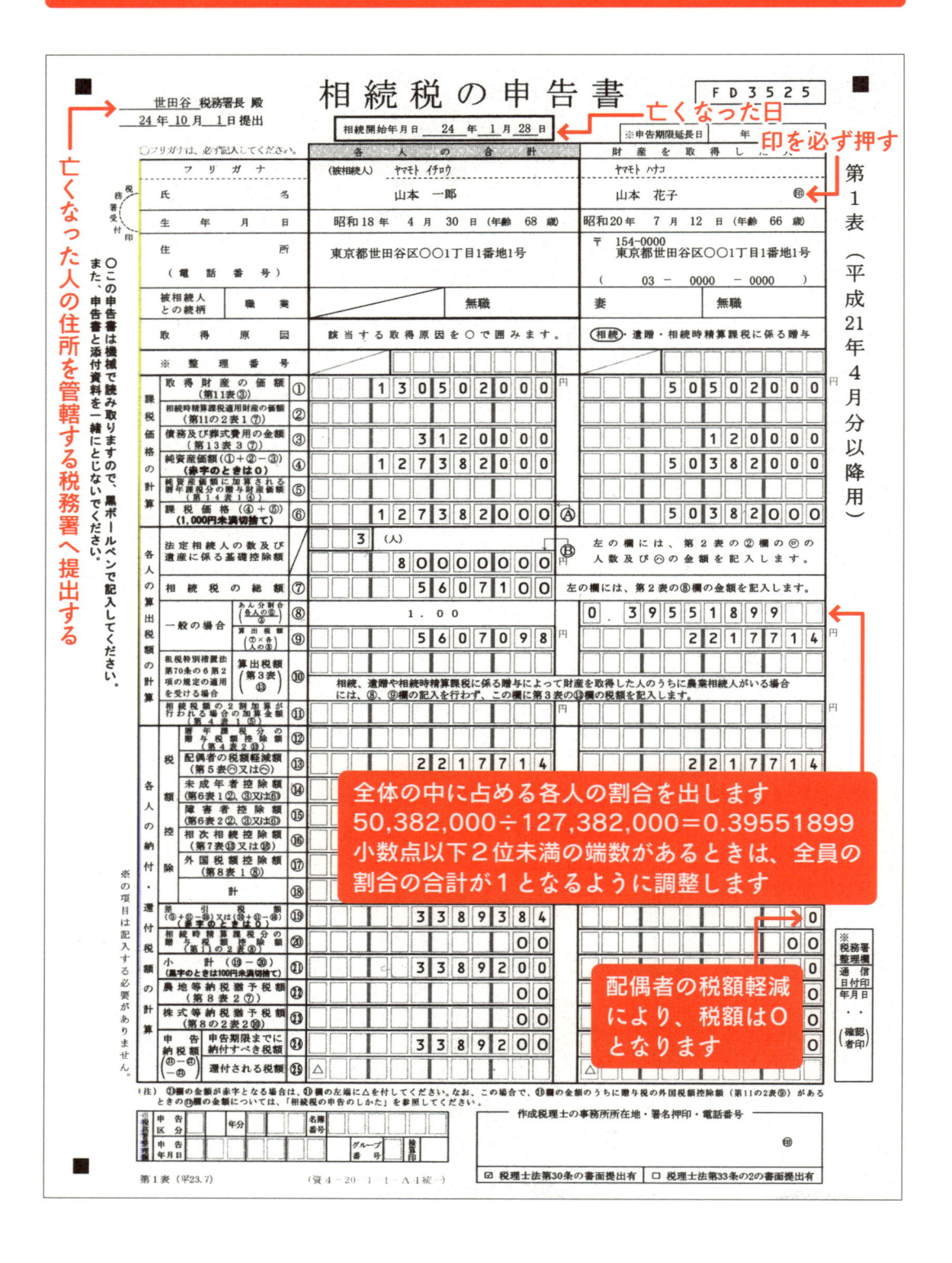

山本花子さんの申告書・第1表

相続税の申告書

FD3525

世田谷 税務署長 殿
24年10月1日提出

相続開始年月日 24年1月28日 ← 亡くなった日
※申告期限延長日　年　　月　　日

→ 印を必ず押す

← 亡くなった人の住所を管轄する税務署へ提出する

○この申告書は機械で読み取りますので、黒ボールペンで記入してください。また、申告書と添付資料を一緒にとじないでください。

第1表（平成21年4月分以降用）

	各人の合計	財産を取得した人
フリガナ	ヤマモト イチロウ	ヤマモト ハナコ
氏名 （被相続人）	山本 一郎	山本 花子 ㊞
生年月日	昭和18年 4月30日（年齢68歳）	昭和20年 7月12日（年齢66歳）
住所（電話番号）	東京都世田谷区○○1丁目1番地1号	〒154-0000 東京都世田谷区○○1丁目1番地1号（03-0000-0000）
被相続人との続柄　職業	無職	妻　　　　無職
取得原因	該当する取得原因を○で囲みます。	相続・遺贈・相続時精算課税に係る贈与
※整理番号		

課税価格の計算

		各人の合計	山本花子
取得財産の価額（第11表③）	①	130,502,000	50,502,000
相続時精算課税適用財産の価額（第11の2表1⑦）	②		
債務及び葬式費用の金額（第13表3⑦）	③	3,120,000	120,000
純資産価額（①+②-③）（赤字のときは0）	④	127,382,000	50,382,000
純資産価額に加算される暦年課税分の贈与財産価額（第14表1④）	⑤		
課税価格（④+⑤）（1,000円未満切捨て）	⑥	127,382,000 Ⓐ	50,382,000

各人の算出税額の計算

法定相続人の数及び遺産に係る基礎控除額		3（人） 80,000,000 Ⓑ	左の欄には、第2表の②欄の⑦の人数及び⑤の金額を記入します。
相続税の総額	⑦	56,071,00	左の欄には、第2表の⑧欄の金額を記入します。
一般の場合（⑧あん分割合 各人の⑥/Ⓐ）	⑧	1.00	0.39551899
（⑨算出税額 ⑦×各人の⑧）	⑨	56,070,98	22,177,14
相続税額の2割加算が行われる場合の加算金額（第4表1⑤）	⑪		

全体の中に占める各人の割合を出します
50,382,000 ÷ 127,382,000 = 0.39551899
小数点以下2位未満の端数があるときは、全員の割合の合計が1となるように調整します

各人の納付・還付税額の計算

税額控除			
暦年課税分の贈与税額控除額（第4表2⑤）	⑫		
配偶者の税額軽減額（第5表○又は○）	⑬	22,177,14	22,177,14
未成年者控除額（第6表1②又は③）	⑭		
障害者控除額（第6表2②又は③）	⑮		
相次相続控除額（第7表⑬又は⑱）	⑯		
外国税額控除額（第8表1⑧）	⑰		
計	⑱		
差引税額（⑨+⑪-⑱）又は（⑩+⑪-⑱）（赤字のときは0）	⑲	33,893,84	0
相続時精算課税分の贈与税額控除額（第11の2表1⑧）	⑳	00	00
小計（⑲-⑳）（黒字のときは100円未満切捨て）	㉑	33,893,200	
農地等納税猶予税額（第8表2⑦）	㉒		
株式等納税猶予税額（第8の2表2）	㉓		
申告納税額（㉑-㉒-㉓）	㉔	33,893,200	
申告期限までに納付すべき税額／還付される税額	㉕	△	

配偶者の税額軽減により、税額は0となります

山本花子さんの申告書・第1表（続）

相続税の申告書（続）　FD3526

被相続人：山本 一郎

		財産を取得した人	財産を取得した人
フリガナ		ヤマモト タロウ	タナカ キョウコ
氏　名		山本 太郎　㊞	田中 京子　㊞
生年月日		昭和45年 2月15日（年齢 41歳）	昭和48年 6月25日（年齢 38歳）
住所（電話番号）		〒152-0000 東京都目黒区○○2丁目12番地24号（03-0000-0000）	〒166-0000 東京都杉並区○○3丁目5番地8号
被相続人との続柄／職業		長男　会社員	長女　会社員
取得原因		相続・遺贈・相続時精算課税に係る贈与	相続・遺贈・相続時精算課税に係る贈与
※ 整理番号			

課税価格の計算

項目	番号	太郎	京子
取得財産の価額（第11表③）	①	40,000,000	40,000,000
相続時精算課税適用財産の価額（第11の2表1⑦）	②		
債務及び葬式費用の金額（第13表3⑦）	③	1,500,000	1,500,000
純資産価額（①+②-③）（赤字のときは0）	④	38,500,000	38,500,000
純資産価額に加算される暦年課税分の贈与財産価額（第14表1④）	⑤		
課税価格（④+⑤）（1,000円未満切捨て）	⑥	38,500,000	38,500,000

各人の算出税額の計算

項目	番号	太郎	京子
法定相続人の数及び遺産に係る基礎控除額			
相続税の総額	⑦		
一般の場合 あん分割合（各人の⑥/⑦）	⑧	0.30224051	0.30224050
算出税額（⑦×各人の⑧）	⑨	1,694,692	1,694,692
租税特別措置法第70条の6第2項の規定の適用を受ける場合 算出税額（第3表⑬）	⑩		

相続、遺贈や相続時精算課税に係る贈与によって財産を取得した人のうちに農業相続人がいる場合には、⑧、⑨欄の記入を行わず、この欄に第3表の⑬欄の税額を記入します。

各人の納付・還付税額の計算

項目	番号	太郎	京子
相続税額の2割加算が行われる場合の加算金額（第4表①）	⑪		
暦年課税分の贈与税額控除額（第4表2④）	⑫		
配偶者の税額軽減額（第5表○又は○）	⑬		
未成年者控除額（第6表1②、③又は⑥）	⑭		
障害者控除額（第6表2②、③又は⑥）	⑮		
相次相続控除額（第7表⑬又は⑱）	⑯		
外国税額控除額（第8表1③）	⑰		
計	⑱		
差引税額（⑨+⑪）又は（⑩+⑪-⑱）（赤字のときは0）	⑲	1,694,692	1,694,692
相続時精算課税分の贈与税額控除額（第11の2表8）	⑳	00	00
小計（⑲-⑳）（黒字のときは100円未満切捨て）	㉑	1,694,600	1,694,600
農地等納税猶予税額（第8表2⑦）	㉒	00	00
株式等納税猶予税額（第8の2表2⑩）	㉓	00	00
申告期限までに納付すべき税額（㉑-㉒-㉓）	㉔	1,694,600	1,694,600
還付される税額	㉕		

（注）⑲欄の金額が赤字となる場合は、⑲欄の左端に△を付してください。なお、この場合で、⑲欄の金額のうちに贈与税の外国税額控除額（第11の2表⑨）があるときの⑳欄の金額については、「相続税の申告のしかた」を参照してください。

山本花子さんの申告書・第15表

相続財産の種類別価額表
(この表は、第11表から第14表までの記載に基づいて記入します。)

FD3535

被相続人 山本 一郎
(氏名) 山本 花子

(単位は円)

種類	細目	番号	各人の合計	氏名 山本 花子
土地(土地の上に存する権利を含みます)	田	①		
	畑	②		
	宅地	③	43,200,000	43,200,000
	山林	④		
	その他の土地	⑤		
	計	⑥	43,200,000	43,200,000
⑥のうち特例農地等	通常価額	⑦		
	農業投資価格による価額	⑧		
家屋、構築物		⑨	7,000,000	7,000,000
事業(農業)用財産	機械、器具、農耕具、その他の減価償却資産	⑩		
	商品、製品、半製品、原材料、農産物等	⑪		
	売掛金	⑫		
	その他の財産	⑬		
	計	⑭		
有価証券	特定同族会社の株式及び出資	配当還元方式によったもの	⑮		
		その他の方式によったもの	⑯		
	⑮及び⑯以外の株式及び出資	⑰		
	公債及び社債	⑱		
	証券投資信託、貸付信託の受益証券	⑲		
	計	⑳		
現金、預貯金等		㉑	80,000,000	
家庭用財産		㉒	300,000	300,000
その他の財産	生命保険金等	㉓		
	退職手当金等	㉔		
	立木	㉕		
	その他	㉖	2,000	2,000
	計	㉗	2,000	2,000
合計(⑥+⑨+⑭+⑳+㉑+㉒+㉗)		㉘	130,502,000	50,502,000
相続時精算課税適用財産の価額		㉙		
不動産等の価額(⑥+⑨+⑩+⑮+⑯+㉕)		㉚	50,200,000	50,200,000
⑪のうち猶予対象の株式等の価額の80%の額		㉛		
⑰のうち猶予対象の株式等の価額の80%の額		㉜		
債務等	債務	㉝	120,000	120,000
	葬式費用	㉞	3,000,000	
	合計(㉝+㉞)	㉟	3,120,000	120,000
差引純資産価額(㉘+㉙−㉟)(赤字のときは0)		㊱	127,382,000	50,382,000
純資産価額に加算される暦年課税分の贈与財産価額		㊲		
課税価格(㊱+㊲)(1,000円未満切捨て)		㊳	127,382,000	50,382,000

○この申告書は機械で読み取りますので、黒ボールペンで記入してください。
※の項目は記入する必要がありません。

第15表(平成21年4月分以降用) 第11表から集計して転記する・各人ごとに集計する

※税務署整理欄 申告区分 年分 名簿番号 申告年月日 グループ番号

第15表(平23.7) (資4-20-16-1-A4統一)

山本花子さんの申告書・第15表（続）

相続財産の種類別価額表（続）

（この表は、第11表から第14表までの記載に基づいて記入します。）

FD3536

第15表（続）（平成21年4月分以降用）

（単位は円）

被相続人　山本　一郎

種類	細目	番号	（氏名）山本　太郎	（氏名）田中　京子
※	整理番号			
土地（土地の上に存する権利を含みます）	田	①		
	畑	②		
	宅地	③		
	山林	④		
	その他の土地	⑤		
	計	⑥		
⑥のうち特例農地等	通常価額	⑦		
	農業投資価格による価額	⑧		
家屋、構築物		⑨		
事業（農業）用財産	機械、器具、農耕具、その他の減価償却資産	⑩		
	商品、製品、半製品、原材料、農産物等	⑪		
	売掛金	⑫		
	その他の財産	⑬		
	計	⑭		
有価証券	特定同族会社の株式及び出資	配当還元方式によったもの	⑮		
		その他の方式によったもの	⑯		
	⑮及び⑯以外の株式及び出資	⑰		
	公債及び社債	⑱		
	証券投資信託、貸付信託の受益証券	⑲		
	計	⑳		
現金、預貯金等		㉑	40,000,000	40,000,000
家庭用財産		㉒		
その他の財産	生命保険金等	㉓		
	退職手当金等	㉔		
	立木	㉕		
	その他	㉖		
	計	㉗		
合計（⑥+⑨+⑭+⑳+㉑+㉒+㉗）		㉘	40,000,000	40,000,000
相続時精算課税適用財産の価額		㉙		
不動産等の価額（⑥+⑨+⑩+⑮+⑯+㉕）		㉚		
⑯のうち猶予対象の株式等の価額の80％の額		㉛		
⑰のうち猶予対象の株式等の価額の80％の額		㉜		
債務等	債務	㉝		
	葬式費用	㉞	1,500,000	1,500,000
	合計（㉝+㉞）	㉟	1,500,000	1,500,000
差引純資産価額（㉘+㉙-㉟）（赤字のときは0）		㊱	38,500,000	38,500,000
純資産価額に加算される暦年課税分の贈与財産価額		㊲		
課税価格（㊱+㊲）（1,000円未満切捨て）		㊳	38,500,000	38,500,000

○この申告書は機械で読み取りますので、黒ボールペンで記入してください。

※の項目は記入する必要がありません。

山本花子さんの申告書・第2表

→ 第1表Ⓐへ
→ 第1表Ⓑへ

相続税の総額の計算書

被相続人　山本　一郎

第2表（平成21年4月分以降用）

この表は、第1表及び第3表の「相続税の総額」の計算のために使用します。
なお、被相続人から相続、遺贈や相続時精算課税に係る贈与によって財産を取得した人のうちに農業相続人がいない場合は、この表の㋺欄及び㋥欄並びに⑨欄から⑪欄までは記入する必要がありません。

この表を修正申告書の第2表として使用するときは、④欄には修正申告書第1表の⑨欄の⑥Ⓐの金額を記入し、㋺欄には修正申告書第1表の⑨欄の⑥Ⓐの金額を記入します。

① 課税価格の合計額	② 遺産に係る基礎控除額	③ 課税遺産総額
（第1表）⑥Ⓐ 127,382,000 円 （第3表）⑥Ⓐ　　　　　　,000	5,000万円 +（1,000万円 ×（㋺の法定相続人の数）3 人）= ㋥ 8,000 万円 ㋺の人数及び㋥の金額を第1表Ⓑへ転記します。	（㋑−㋥）47,382,000 ,000 （㋺−㋥）　　　　　　,000

法定相続人（(注)1参照）		⑤ 左の法定相続人に応じた法定相続分	第1表の「相続税の総額⑦」の計算		第3表の「相続税の総額⑦」の計算	
氏名	被相続人との続柄		⑥ 法定相続分に応ずる取得金額（㋑×⑤）（1,000円未満切捨て）	⑦ 相続税の総額の基となる税額 下の「速算表」で計算します。	⑨ 法定相続分に応ずる取得金額（㋺×⑤）（1,000円未満切捨て）	⑩ 相続税の総額の基となる税額 下の「速算表」で計算します。
山本　花子	妻	1/2	23,691,000 円	3,053,650 円	,000 円	円
山本　太郎	長男	1/4	11,845,000	1,276,750	,000	
田中　京子	長女	1/4	11,845,000	1,276,750	,000	
			,000		,000	
			,000		,000	
			,000		,000	
法定相続人の数	Ⓐ 3 人	合計 1	⑧ 相続税の総額（⑦の合計額）（100円未満切捨て） 5,607,100		⑪ 相続税の総額（⑩の合計額）（100円未満切捨て） 00	

⑥の金額を下記の計算表にあてはめて計算する

→ 第1表⑦へ

→ 法定相続分の合計は、1になる

(注) 1　④欄の記入に当たっては、被相続人に養子がある場合や相続の放棄があった場合には、「相続税の申告のしかた」をご覧ください。
2　⑧欄の金額を第1表⑦欄へ転記します。財産を取得した人のうち農業相続人がいる場合は、⑧欄の金額を第1表⑦欄へ転記するとともに、⑪欄の金額を第3表⑦欄へ転記します。

相続税の速算表

法定相続分に応ずる取得金額	10,000千円以下	30,000千円以下	50,000千円以下	100,000千円以下	300,000千円以下	300,000千円超
税率	10%	15%	20%	30%	40%	50%
控除額	− 千円	500千円	2,000千円	7,000千円	17,000千円	47,000千円

この速算表の使用方法は、次のとおりです。
⑥欄の金額×税率−控除額＝⑦欄の税額　　⑨欄の金額×税率−控除額＝⑩欄の税額
例えば、⑥欄の金額30,000千円に対する税額（⑦欄）は、30,000千円×15%−500千円＝4,000千円です。

○連帯納付義務について
相続税の納税については、各相続人等が相続、遺贈や相続時精算課税に係る贈与により受けた利益の価額を限度として、お互いに連帯して納付しなければならない義務があります。

（資4-20-3-A4統一）

第2表（平23.7）

山本花子さんの申告書・第5表

配偶者の税額軽減額の計算書

被相続人 山本　一郎

第5表（平成21年4月分以降用）

私は、相続税法第19条の2第1項の規定による配偶者の税額軽減の適用を受けます。

1　一般の場合
（この表は、①被相続人から相続、遺贈や相続時精算課税に係る贈与によって財産を取得した人のうちに農業相続人がいない場合又は②配偶者···）

課税価格の合計額のうち配偶者の法定相続分相当額

$$127,382,000円 \times \frac{1}{2} = 63,691,000円 \rightarrow 160,000,000$$

計算式の金額と16,000万円のいずれか多い方の金額

上記の金額が16,000万円に満たない場合には、16,000円

配偶者の税額軽減額を計算する場合の課税価格	① 分割財産の価額（第11表の配偶者の①の金額）	分割財産の価額から控除する債務及び葬式費用の金額		⑤ 純資産価額に加算される暦年課税分の贈与財産価額（第1表の配偶者の⑤の金額）	⑥ (①-④+⑤)の金額（⑤の金額より小さいときは⑤の金額）（1,000円未満切捨て）
		② 債務及び葬式費用の金額（第1表の配偶者の③の金額）	③ 未分割財産の価額（第11表の配偶者の②の金額）	④ (②-③)の金額（③の金額が②の金額より大きいときは0）		
円	50,502,000 円	120,000 円	円	120,000 円	円	※ 50,382,000 円

⑦ 相続税の総額（第1表の⑦の金額）	⑧ ⑦の金額と⑥の金額とのうちいずれか少ない方の金額	⑨ 課税価格の合計額（第1表の④の金額）	⑩ 配偶者の税額軽減の基となる金額（⑦×⑧÷⑨）
5,607,100 円	50,382,000 円	127,382,000 円	2,217,714 円

配偶者の税額軽減の限度額	（第1表の配偶者の⑨又は⑩の金額）（第1表の配偶者の⑫の金額） (2,217,714 円 － 円)	⑪ 2,217,714 円

配偶者の税額軽減額	（⑩の金額と⑪の金額とのうちいずれか少ない方の金額）	㋺ 2,217,714 円

（注）㋺の金額を第1表の配偶者の「配偶者の税額軽減額⑬」欄に転記します。

→ 第1表⑬へ

2　配偶者以外の人が農業相続人である場合
（この表は、被相続人から相続、遺贈や相続時精算課税に係る贈与によって財産を取得した人のうちに農業相続人がいる場合で、かつ、その農業相続人が配偶者以外の場合に記入します。）

課税価格の合計額のうち配偶者の法定相続分相当額

$$\_\_\_,000円 \times \frac{[配偶者の法定相続分]}{\_\_\_} = \_\_\_ 円$$

上記の金額が16,000万円に満たない場合には、16,000万円

配偶者の税額軽減額を計算する場合の課税価格	⑪ 分割財産の価額（第11表の配偶者の①の金額）	分割財産の価額から控除する債務及び葬式費用の金額		⑮ 純資産価額に加算される暦年課税分の贈与財産価額（第1表の配偶者の⑤の金額）	⑯ (⑪-⑭+⑮)の金額（⑮の金額より小さいときは⑮の金額）（1,000円未満切捨て）
		⑫ 債務及び葬式費用の金額（第1表の配偶者の③の金額）	⑬ 未分割財産の価額（第11表の配偶者の②の金額）	⑭ (⑫-⑬)の金額（⑬の金額が⑫の金額より大きいときは0）		
円	円	円	円	円	円	※ ,000 円

⑰ 相続税の総額（第3表の⑦の金額）	⑱ ⑰の金額と⑯の金額とのうちいずれか少ない方の金額	⑲ 課税価格の合計額（第3表の④の金額）	⑳ 配偶者の税額軽減の基となる金額（⑰×⑱÷⑲）
00 円	円	,000 円	円

配偶者の税額軽減の限度額	（第1表の配偶者の⑩の金額）（第1表の配偶者の⑫の金額） (円 － 円)	㋥ 円

配偶者の税額軽減額	（⑳の金額と㋥の金額とのうちいずれか少ない方の金額）	㋭ 円

（注）㋭の金額を第1表の配偶者の「配偶者の税額軽減額⑬」欄に転記します。

※　相続税法第19条の2第5項《隠蔽又は仮装があった場合の配偶者の相続税額の軽減の不適用》の規定の適用があるときには、「課税価格の合計額のうち配偶者の法定相続分相当額」の（第1表の④の金額）、⑥、⑦、⑨、「課税価格の合計額のうち配偶者の法定相続分相当額」の（第3表の④の金額）、⑯、⑰及び⑲の各欄は、第5表の付表で計算した金額を転記します。

第5表（平23.7）　　　　　　　　　　　　　　　　　　　　　　　　　　　（資4-20-6-1-A4統一）

山本花子さんの申告書・第11表

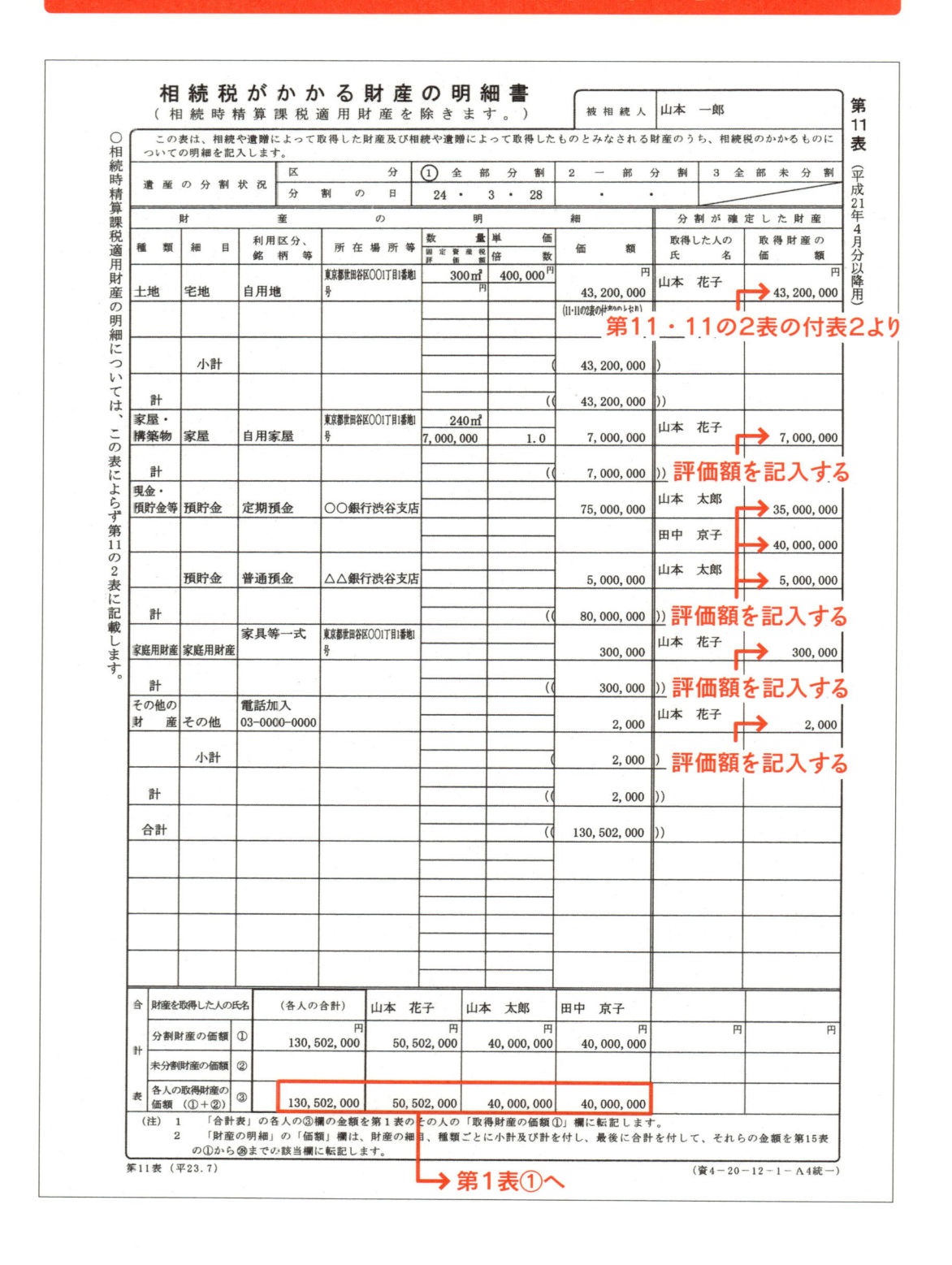

相続税がかかる財産の明細書
（相続時精算課税適用財産を除きます。）

被相続人　山本　一郎

第11表（平成21年4月分以降用）

○相続時精算課税適用財産の明細については、この表によらず第11の2表に記載します。

この表は、相続や遺贈によって取得した財産及び相続や遺贈によって取得したものとみなされる財産のうち、相続税のかかるものについての明細を記入します。

遺産の分割状況	区分	① 全部分割	2 一部分割	3 全部未分割
	分割の日	24・3・28	・・	

財産の明細 ／ 分割が確定した財産

種類	細目	利用区分、銘柄等	所在場所等	数量 固定資産税評価額	単価 倍数	価額	取得した人の氏名	取得財産の価額
土地	宅地	自用地	東京都世田谷区○○1丁目1番地1号	300㎡	400,000 円	43,200,000 円	山本　花子	43,200,000 →第11・11の2表の付表2より
	小計					(43,200,000)		
	計					((43,200,000))		
家屋・構築物	家屋	自用家屋	東京都世田谷区○○1丁目1番地1号	240㎡ 7,000,000	1.0	7,000,000	山本　花子	7,000,000 →評価額を記入する
	計					((7,000,000))		
現金・預貯金等	預貯金	定期預金	○○銀行渋谷支店			75,000,000	山本　太郎	35,000,000
							田中　京子	40,000,000
	預貯金	普通預金	△△銀行渋谷支店			5,000,000	山本　太郎	5,000,000
	計					((80,000,000))		→評価額を記入する
家庭用財産	家庭用財産	家具等一式	東京都世田谷区○○1丁目1番地1号			300,000	山本　花子	300,000
	計					((300,000))		→評価額を記入する
その他の財産	その他	電話加入	03-0000-0000			2,000	山本　花子	2,000
	小計					(2,000)		→評価額を記入する
	計					((2,000))		
	合計					((130,502,000))		

合計表

	財産を取得した人の氏名	(各人の合計)	山本　花子	山本　太郎	田中　京子		
	分割財産の価額 ①	130,502,000 円	50,502,000 円	40,000,000 円	40,000,000 円	円	円
	未分割財産の価額 ②						
	各人の取得財産の価額（①+②）③	130,502,000	50,502,000	40,000,000	40,000,000		

→第1表①へ

（注）1　「合計表」の各人の③欄の金額を第1表のその人の「取得財産の価額①」欄に転記します。
　　　2　「財産の明細」の「価額」欄は、財産の細目、種類ごとに小計及び計を付し、最後に合計を付して、それらの金額を第15表の①から㉘までの該当欄に転記します。

第11表（平23.7）　　　　　　　　　　　　　　（資4-20-12-1-A4統一）

山本花子さんの申告書・第11・11の2表の付表1

小規模宅地等、特定計画山林又は特定事業用資産についての課税価格の計算明細書

被相続人　山本　一郎

第11・11の2表の付表1（平成21年4月分以降用）

この表及び第11・11の2表の付表2の1から付表4までについては、相続、遺贈又は相続時精算課税に係る贈与によって財産を取得した人が、「小規模宅地等の特例」、「特定計画山林の特例」又は「特定事業用資産の特例」の適用を受ける場合に記入します（裏面参照）。

1　特例の適用にあたっての同意

（注）「小規模宅地等の特例」、「特定計画山林の特例」又は「特定事業用資産の特例」の対象となり得る財産を取得した全ての人の同意が必要です。

私（私たち）は下記の「2　特例の適用を受ける財産の明細」の(1)から(3)までの明細において選択した財産の全てが、租税特別措置法第69条の4第1項に規定する小規模宅地等、同法第69条の5第1項に規定する選択特定計画山林又は旧租税特別措置法第69条の5第1項に規定する選択特定事業用資産に該当することを確認の上、その財産の取得者が租税特別措置法第69条の4第1項、同法第69条の5第1項又は旧租税特別措置法第69条の5第1項に規定する特例の適用を受けることに同意します。

特例の対象となる財産を取得した全ての人の氏名
山本　花子　← 特例の対象となり得る財産を取得した人全員の氏名を記入します。特例の適用を受けない人の氏名も記入します。

2　特例の適用を受ける財産の明細

（注）特例の適用を受ける財産の明細の番号を○で囲んでください。

⟵ 該当するところに○印

① 小規模宅地等の明細
　第11・11の2表の付表2の1の「1　小規模宅地等の明細」のとおり。

(2) 特定受贈同族会社株式等である選択特定事業用資産の明細
　第11・11の2表の付表3のとおり。

(3) 特定（受贈）森林施業計画対象山林である選択特定計画山林の明細
　第11・11の2表の付表4の「1　特定森林施業計画対象山林である選択特定計画山林の明細」又は「2　特定受贈森林施業計画対象山林である選択特定計画山林の明細」のとおり。

3　特定計画山林の特例の対象となる特定計画山林等の調整限度額の計算

この欄は、「小規模宅地等の特例」、「特定計画山林の特例」又は「特定事業用資産の特例」について2以上の特例を適用する場合に記入します。

(1)　小規模宅地等の特例の適用を受ける面積

① 限度面積	② 特例の適用を受ける面積（第11・11の2表の付表2の1の「2　限度面積要件の判定」の「[合計]」欄の面積）	③ 特例適用残面積（①－②）
400㎡	㎡	㎡

(2)　特定事業用資産の特例の対象となる特定受贈同族会社株式等の調整限度額等の計算

④ 特定事業用資産の特例の対象として選択することのできる特定受贈同族会社株式等に係る各法人の株式（出資）の時価総額の$\frac{2}{3}$に相当する金額の合計額　※　10億円を超える場合は10億円となります。	⑤ 特例の対象となる特定受贈同族会社株式等の調整限度額（④×$\frac{③}{①}$）	⑥ ⑤のうち特例の適用を受ける価額（第11・11の2表の付表3の特定受贈同族会社株式等である選択特定事業用資産の価額の合計額（⑧欄の金額））	⑦ 特例適用残価額（⑤－⑥）
円	円	円	円

（注）1　③欄が0となる場合には、特定受贈同族会社株式等について特定事業用資産の特例の適用を受けることはできません。
　　　2　小規模宅地等の特例の適用がない場合には、⑤欄には④の金額を転記します。
　　　3　被相続人が生前に特定受贈同族会社株式等の贈与をしている場合の④欄の金額については、税務署にお尋ねください。

(3)　特定計画山林の特例の対象となる特定（受贈）森林施業計画対象山林の調整限度額等の計算

⑧ 特定計画山林の特例の対象として選択することのできる特定（受贈）森林施業計画対象山林である立木又は土地等の価額の合計額	⑨ 特例の対象となる特定（受贈）森林施業計画対象山林の調整限度額（⑧×$\frac{③}{①}$）又は（⑧×$\frac{⑦}{④}$）	⑩ ⑨のうち特例の適用を受ける価額（第11・11の2表の付表4の「3　特定（受贈）森林施業計画対象山林である選択特定計画山林の価額の合計額」の「A＋B」欄の金額）	
円	円	円	

（注）1　③欄が0となる場合又は⑦欄が0となる場合には、特定（受贈）森林施業計画対象山林について特定計画山林の特例の適用を受けることはできません。
　　　2　小規模宅地等の特例を適用し、特定受贈同族会社株式等について特定事業用資産の特例を適用しない場合において、③欄に特例適用残面積が生じたときの⑨欄は、「（⑧×$\frac{③}{①}$）」により計算します。
　　　3　特定受贈同族会社株式等について特定事業用資産の特例を適用した場合（あわせて小規模宅地等の特例を適用する場合を含みます。）において、⑦欄に特例適用残価額が生じたときの⑨欄は、「（⑧×$\frac{⑦}{④}$）」により計算します。

第11・11の2表の付表1（平23.7）　　　　　　　　　　　　　　　　　　　　　　　　　（資4－20－12－3－A4統一）

山本花子さんの申告書・第11・11の2表の付表2の1

小規模宅地等についての課税価格の計算明細（その1）　　FD3543

被相続人　山本　一郎

第11・11の2表の付表2の1（平成22年4月分以降用）

1　小規模宅地等の明細

この欄は、特例の対象として小規模宅地等を選択する場合に記入します。

① 特例の適用を受ける取得者の氏名
② 所在地番
③ 取得者の持分に応ずる面積
④ 取得者の持分に応ずる宅地等の価額
⑤ ③のうち特例の対象として選択した宅地等の面積
⑥ 課税価格の計算に当たって減額される金額
⑦ 宅地等について課税価格に算入する価額（④－⑥）

選択した小規模宅地等

宅地等の番号　1
① 山本　花子
② 東京都世田谷区○○1丁目1番地1号
③ 300 ㎡
④ 120,000,000 円
⑤ 240 ㎡
⑥ 76,800,000 円
⑦ 43,200,000 円

↑ 土地等の評価明細書より

特定居住用宅地等の特例を受けることのできるのは、240㎡までです。

（注）
1　次のいずれかに該当する場合には、第11・11の2表の付表2の3を作成してください。
　(1)　相続又は遺贈により一の宅地等を2人以上の相続人又は受遺者が取得している場合
　(2)　一の宅地等の全部又は一部が、貸家建付地である場合において、貸家建付地の評価額の計算上「賃貸割合」が「1」でない場合
　　（注）一の宅地等とは、一棟の建物又は構築物の敷地をいいます。ただし、マンションなどの区分所有建物の場合には、区分所有された建物の部分に係る敷地をいいます。
2　「⑥ 課税価格の計算に当たって減額される金額」欄の金額の計算は、第11・11の2表の付表2の2によります。
3　⑦欄の金額を第11表の「財産の明細」の「価額」欄に転記します。
4　上記に記入しきれないときは、この用紙を複数枚使用し記入します。

2　限度面積要件の判定

上記「1　小規模宅地等の明細」の「⑤　③のうち特例の対象として選択した宅地等の面積」欄で選択した宅地等のすべてが限度面積要件を満たすものであることを、次の算式で「[第11・11の2表の付表2の2の⑭、⑮の面積の合計]」、「[第11・11の2表の付表2の2の⑰の面積の合計]」、「[第11・11の2表の付表2の2の⑯の面積の合計]」及び「[合計]」の各欄を記入することにより判定します。

[第11・11の2表の付表2の2の⑭、⑮の面積の合計] ㎡ ＋ [第11・11の2表の付表2の2の⑰の面積の合計] 240 ㎡ × 5/3 ＋ [第11・11の2表の付表2の2の⑯の面積の合計] ㎡ × 2 ＝ [合計] 400 ㎡ ≦ 400 ㎡

※ 第11・11の2表の付表2の2へ続きます。

山本花子さんの申告書・第11・11の2表の付表2の2

小規模宅地等についての課税価格の計算明細（その2）

FD3544

被相続人 山本 一郎

3 「⑥ 課税価格の計算に当たって減額される金額」の計算

第11・11の2表の付表2の1の「1 小規模宅地等の明細」で選択した小規模宅地等（同表の2の限度面積要件を満たすものに限ります。）についての「⑥ 課税価格の計算に当たって減額される金額」欄の金額は、次により計算します。

第11・11の2表の付表2の1の「1 小規模宅地等の明細」の「宅地等の番号」欄の番号に合わせて記入します。

区分	小規模宅地等の種類	宅地等の番号	⑧ 特例の適用を受ける取得者の氏名 ⑨ その宅地等における相続開始の直前の事業	⑩ 割合	⑪ 小規模宅地等の面積 ⑫ 小規模宅地等の価額（④×⑪/③） ⑬ 小規模宅地等について減額される金額（⑫×⑩）
被相続人等の事業用宅地等	⑭ 特定事業用宅地等		⑧ ⑨	80/100	⑪　　　㎡ ⑫　　　円 ⑬　　　円
			⑧ ⑨	80/100	⑪ ⑫ ⑬
	⑮ 特定同族会社事業用宅地等		⑧ ⑨	80/100	⑪ ⑫ ⑬
			⑧ ⑨	80/100	⑪ ⑫ ⑬
	⑯ 貸付事業用宅地等		⑧ ⑨	50/100	⑪ ⑫ ⑬
			⑧ ⑨	50/100	⑪ ⑫ ⑬
被相続人等の居住用宅地等	⑰ 特定居住用宅地等	1	⑧ 山本 花子 ⑨	80/100	⑪ 240 ㎡ ⑫ 96,000,000 円 ⑬ 76,800,000 円
			⑧ ⑨	80/100	⑪ ⑫ ⑬

第11・11の2表の付表2の1、⑥へ

（注）1 ⑨欄には、その宅地等の上で行われていた事業について、書籍、雑誌小売、鮮魚小売、貸家のように具体的に記入します。
2 ⑪欄には、それぞれの宅地等の番号に応ずる第11・11の2表の付表2の1の「1 小規模宅地等の明細」に記入した宅地等の「⑤ ③のうち特例の対象として選択した宅地等の面積」を記入します。
3 ⑬欄の金額を第11・11の2表の付表2の1の宅地等の番号に応ずる⑥欄へ転記します。
4 上記に記入しきれないときは、この用紙を複数枚使用し記入します。

※ この申告書は機械で読み取りますので、黒ボールペンで記入してください。

※の項目は記入する必要がありません。

小規模宅地等の価額 $\left(120{,}000{,}000 \times \dfrac{240㎡}{300㎡} = 96{,}000{,}000\right) \times$ 減額割合 $\left(\dfrac{80}{100}\right)$

第11・11の2表の付表2の2（平23.7）

山本花子さんの申告書・第13表

債務及び葬式費用の明細書

被相続人　山本　一郎

第13表（平成21年4月分以降用）

1　債務の明細
（この表は、被相続人の債務について、その明細と負担する人の氏名及び金額を記入します。）

債務の明細						負担することが確定した債務	
種類	細目	債権者 氏名又は名称	住所又は所在地	発生年月日 弁済期限	金額	負担する人の氏名	負担する金額
公租公課	平成23年度分 固定資産税	世田谷区役所		・・	120,000円	山本　花子	120,000円
				・・			
				・・			
				・・			
				・・			
合　計					120,000		

2　葬式費用の明細
（この表は、被相続人の葬式に要した費用について、その明細と負担する人の氏名及び金額を記入します。）

葬式費用の明細					負担することが確定した葬式費用	
支払先 氏名又は名称	住所又は所在地	支払年月日	金額		負担する人の氏名	負担する金額
○○寺	世田谷区○○1丁目 ○○番地○○号	24・1・28	500,000円		山本　太郎	250,000円
		・・			田中　京子	250,000
○○葬儀社	世田谷区○○5丁目 ○○番地○○号	24・1・28	2,500,000		山本　太郎	1,250,000
		・・			田中　京子	1,250,000
		・・				
		・・				
合　計			3,000,000			

3　債務及び葬式費用の合計額

債務などを承継した人の氏名			（各人の合計）	山本　花子	山本　太郎	田中　京子
債務	負担することが確定した債務	①	120,000円	120,000円	円	円
	負担することが確定していない債務	②				
	計（①＋②）	③	120,000	120,000		
葬式費用	負担することが確定した葬式費用	④	3,000,000		1,500,000	1,500,000
	負担することが確定していない葬式費用	⑤				
	計（④＋⑤）	⑥	3,000,000		1,500,000	1,500,000
合計（③＋⑥）		⑦	3,120,000	120,000	1,500,000	1,500,000

(注)　1　各人の⑦欄の金額を第1表のその人の「債務及び葬式費用の金額③」欄に転記します。
　　　2　③、⑥及び⑦欄の金額を第15表の㉝、㉞及び㉟欄にそれぞれ転記します。

第13表（平23.7）　　　　　　　　　　　　　　　　　　　　　　　　　　　（資4-20-14-A4統一）

第15表㉝へ　　第15表㉞へ　　第15表㉟へ

山本花子さんの申告書・土地建物等の明細書

土地の面積を入れる — **路線価を入れる**

土地及び土地の上に存する権利の評価明細書（第1表）

（平成十六年分以降用）

局（所）東京国税局	署 世田谷税務署
24年分	00 ページ

（住居表示）	東京都世田谷区○○1丁目1番地1号	所有者	住所（所在地）	東京都世田谷区○○1丁目1番地1号	使用者	住所（所在地）	東京都世田谷区○○1丁目1番地1号
所在地番	東京都世田谷区○○1丁目1番地1号		氏名（法人名）	山本 一郎		氏名（法人名）	山本 一郎

地 目	地 積	路 線 価				地形図及び参考事項
（宅地）原野 田 雑種地 畑 山林 [ ]	300 ㎡	正 面 400,000 円	側 方 円	側 方 円	裏 面 円	

間口距離	20 m	利用区分	（自用地）貸家建付借地権 貸宅地 転貸借地権 貸家建付地 転借権 借地権 借家人の有する権利 私道 （ ）	地区区分	ビル街地区 （普通住宅地区） 高度商業地区 中小工場地区 繁華街地区 大工場地区 普通商業・併用住宅地区
奥行距離	15 m				

該当するところに○印

	1 一路線に面する宅地 （正面路線価） 400,000 円 × （奥行価格補正率） 1.00	（1㎡当たりの価額） **奥行価格補正率表より** 400,000 円	A
自用地1平方メートル当たりの価額	2 二路線に面する宅地 （A） 円 ＋ （ 側方 裏面 路線価 円 × 奥行価格補正率 × 側方 二方 路線影響加算率 ）	（1㎡当たりの価額） 円	B
	3 三路線に面する宅地 （B） 円 ＋ （ 側方 裏面 路線価 円 × 奥行価格補正率 × 側方 二方 路線影響加算率 ）	（1㎡当たりの価額） 円	C
	4 四路線に面する宅地 （C） 円 ＋ （ 側方 裏面 路線価 円 × 奥行価格補正率 × 側方 二方 路線影響加算率 ）	（1㎡当たりの価額） 円	D
	5-1 間口が狭小な宅地等 （AからDまでのうち該当するもの） 円 × （ 間口狭小補正率 × 奥行長大補正率 ）	（1㎡当たりの価額） 円	E
	5-2 不 整 形 地 （AからDまでのうち該当するもの） 円 × 不整形地補正率※ ※不整形地補正率の計算 （想定整形地の間口距離） （想定整形地の奥行距離） （想定整形地の地積） m × m = ㎡ （想定整形地の地積） （不整形地の地積） （想定整形地の地積） （かげ地割合） (㎡ − ㎡) ÷ ㎡ = ％ （不整形地補正率表の補正率） （間口狭小補正率） 小数点以下2位未満切捨て 不整形地補正率 （奥行長大補正率） （間口狭小補正率） = ① ①、②のいずれか低い率、0.6を限度とする。 ②	（1㎡当たりの価額） 円	F
	6 無 道 路 地 （F） 円 × （ 1 − ※ ） ※割合の計算（0.4を限度とする。） （正面路線価） （通路部分の地積） （F） （評価対象地の地積） 円 × ㎡ ÷ (円 × ㎡) =	（1㎡当たりの価額） 円	G
	7 がけ地等を有する宅地 ［ 南 ・ 東 ・ 西 ・ 北 ］ （AからGまでのうち該当するもの） （がけ地補正率） 円 ×	（1㎡当たりの価額） 円	H
	8 容積率の異なる2以上の地域にわたる宅地 （AからHまでのうち該当するもの） （控除割合 小数点以下3位未満四捨五入） 円 × (1 −)	（1㎡当たりの価額） 円	I
	9 私 道 （Aから1までのうち該当するもの） 円 × 0.3	（1㎡当たりの価額） 円	J

自用地の評価額	自用地1平方メートル当たりの価額 （AからJまでのうちの該当記号） （ A ） 400,000 円	地 積 300 ㎡	総 額 （自用地1㎡当たりの価額）×（地積） 120,000,000 円	K

（注）1　5-1の「間口が狭小な宅地等」と5-2の「不整形地」は重複して適用できません。
　　　2　5-2の「不整形地」の「AからDまでのうち該当するもの」欄の金額について、AからDまでの欄で計算できない場合には、（第2表）の「備考」欄等で計算してください。
　　　3　広大地を評価する場合には、（第2表）の「広大地の評価額」欄で計算してください。

（資4-25-1-A4統一）

キリトリ線

気軽にご利用ください。

※住所・氏名・ご連絡先に正解にご記入ください。　　　平成　　年　　月　　日

無料相続相談票			
氏名		男・女	明・大・昭　年　月　日生（　　歳）
住所	〒（　　　－　　　）		
電話番号			
FAX番号			
Eメール			
具体的に書いてください。			

◎ご利用のお願い◎　必ずこのページを切り取ってご郵送またはFAXでお送りください。
　※なお、個人情報は税理士法に則り守秘します。
　※内容によって有料になる場合もあります。
　※ご返事はFAXかEメールとさせていただきます。

郵送・FAX先
　アクティベートジャパン税理士法人・無料相続相談係
　〒150-0012　東京都渋谷区広尾5-23-5長谷部第1ビル6階
　TEL：03-5791-1421　**FAX：03-5791-1455**

【著者紹介】

尾﨑　充（おざき・みつる）

● ──尾﨑公認会計士事務所
　　アクティベートジャパン税理士法人
　　代表社員・公認会計士・税理士

昭和63年	早稲田大学政治経済学部経済学科卒業
平成元年	公認会計士第2次試験合格〔登録No.9500〕
	KPMGピートマーウィック港監査法人入社
平成5年	公認会計士第3次試験合格〔登録No.11578〕
	宅地建物取引主任者試験合格
平成10年	尾﨑公認会計士税理士事務所開設
	税理士登録〔登録No85023〕
	協立監査法人入社
平成17年	目黒区包括外部監査人
	立正大学経営学部経営学特論招聘講師
平成24年1月	公益財団法人東京都中小企業振興公社専門家派遣事業支援専門家
	〔登録No.764〕

● ──Q＆A不動産実務相談事例集』清文社/共著
『株式公開における経営管理上の諸問題につて検討されたい』
日本公認会計士協会東京会経営委員会答申書
『技術の評価とその管理体制について検討されたい』
日本公認会計士協会東京会経営委員会答申書

アクティベートジャパン税理士法人
〒150-0012　東京都渋谷区広尾5-23-5 長谷部第1ビル6階
TEL／03-5791-1421　FAX／03-5791-1455
URL／http://www.activatejapan.jp

［編集協力］Switch LLP（http://www.switch-llp.com）

［マンガ制作］日プリ・アドバ株式会社

大きな字で読む！　相続・贈与の手続きと節税法がわかる本　〈検印廃止〉
2012年4月2日　　　第1刷発行
2012年12月14日　　第2刷発行

著　者──尾﨑　充Ⓒ
発行者──斎藤　龍男
発行所──株式会社かんき出版
　　　　　東京都千代田区麴町4-1-4西脇ビル　〒102-0083
　　　　　電話　営業部：03(3262)8011代　編集部：03(3262)8012代
　　　　　FAX　03(3234)4421　　振替　00100-2-62304
　　　　　http://www.kankidirect.com/

印刷所──ベクトル印刷株式会社

乱丁・落丁本は小社にてお取り替えいたします。
ⒸMitsuru Ozaki 2012 Printed in JAPAN
ISBN978-4-7612-6827-5 C2032